灯传统文化书系

那时风动，此时心动

《清明上河图》里的传统文化

杜恩龙　蒋琤琤◎著

吉林科学技术出版社

图书在版编目（CIP）数据

《清明上河图》里的传统文化 ：那时风动，此时心
动 / 杜恩龙，蒋玎玎著. -- 长春 ：吉林科学技术出版
社，2025. 1. -- ISBN 978-7-5744-1952-0（2025. 6重印）

Ⅰ. K244.03-49

中国国家版本馆CIP数据核字第2024S10B32号

那时风动，此时心动　《清明上河图》里的传统文化
NASHI FENG DONG, CISHI XIN DONG　《QINGMING SHANG HE TU》LI DE CHUANTONG WENHUA

著　　者　杜恩龙　蒋玎玎
出 版 人　宛　霞
责任编辑　朱　萌
封面设计　星客月客
制　　版　长春美印图文设计有限公司
幅面尺寸　167 mm×235 mm
开　　本　16
字　　数　236千字
印　　张　17. 25
页　　数　276
版　　次　2025年1月第1版
印　　次　2025年6月第2次印刷

出　　版　吉林科学技术出版社
发　　行　吉林科学技术出版社
地　　址　长春市福祉大路5788号
邮　　编　130118
发行部电话/传真　0431-81629529　81629530　81629531
　　　　　　　　　81629532　81629533　81629534
储运部电话　0431-86059116
编辑部电话　0431-81629518
印　　刷　吉林省吉广国际广告股份有限公司

书　　号　ISBN 978-7-5744-1952-0
定　　价　68. 00元

自序

　　很多人认为《清明上河图》只有一幅，即出自北宋张择端的经典长卷。实际上，自从张择端画了《清明上河图》以后，"清明上河图"就不再是一幅图的名字，而是成为一类图的名字，后世仿本不断。《清明上河图》现存版本众多，成为一个很大的族群。《清明上河图》族群的存在，不但是艺术的传承，也是历史和文化的延续，其已不再是一幅绘画作品，更是一部描绘中国宋代社会的百科全书，给后世的我们提供了考古北宋人们生活的依据。我们在《清明上河图》中可以看到生动鲜活的人物、建筑和生活场景，这些

北宋　张择端《清明上河图》局部　故宫博物院

明　仇英《清明上河图》局部　辽宁省博物馆

清　陈枚、孙祜等《清明上河图》局部　台北故宫博物院

细节无不折射出中华传统文化的博大精深、悠远绵长、生生不息。这些画面生动地展示了当时人们的价值观念、市场逻辑、审美取向和人文精神，这些也是中华文明连续性的重要标志和载体。

众所周知，宋代的文化和艺术是中华几千年文明的高峰，其绘画技艺更是以写实与生动著称。宋代流行的界画对于细节的描绘精致又准确，从流传于世的画作中，我们可以看到那个时代的印迹，甚至能通过画面感受到那时的喧嚣与烟火。《清明上河图》在历史的演变发展过程中逐渐成为市井繁华和百姓幸福的代名词。

今天的青少年品读大宋，读的是宋代的文明——中华民族之文化，历数千载之演进，造极于赵宋之世；读的是宋代的兼容——宋代并重理想与现实，兼备大俗与大雅，可以说是古时最适合生活的朝代，亦是士大夫的理想乐园；读的是宋代的气度——国运难以逆转的危急时刻，大批志士仁人为之殊死苦斗。对宋画的解读，无疑是品读大宋最生动、最直接的方式。时光流转千年，我们会好奇那时候的百姓是如何生活的，那时候的社会是怎样的光景，那时候的人们有哪些礼节，那时候的人们都在做些什么……

对历史的追溯，其实就是对自己本源的探索，也是回归文化本质的核心。中华文化延续千年，其宏大与深厚，蔚为壮观。而民俗文化与传统美德是中华优秀传统文化的核心内容，蕴含丰富的道德哲思与实践智慧。宋代，到达了中国传统文化和审美的高峰，艺术与生活通融构成了生活美学的源头。《清明上河图》是反映宋代社会百态的伟大风俗画卷，是青少年成长中不可不知的艺术经典。"宋代热"的文化心理和文化环境的最好诠释，其实就是一种美的生活方式在吸引人。《清明上河图》里蕴藏的不仅是艺术的美，更有生活的美和传统道德文化的美。在当下，我们用《清明上河图》里的细节，来再现那些中华民族刻画在基因中的传统美德与民族智慧，从历史到文化，为今天的青少年延续传统美德的领悟与传承。以那时的场景，述此时的情境，让我们在历史的长卷中找到今天现实生活的意义。

目录

第一章

名卷背后：《清明上河图》族群

晚明学者李日华在《紫桃轩又缀》中记载："京师杂卖铺，每《上河图》一卷，定价一金，所作大小繁简不同。"后来，清代孙承泽转述了这一信息，而且有所增加。孙承泽在《庚子销夏记》中记载："《上河图》乃南宋人追忆故京之盛而写清明繁盛之景也，传世者不一而足，以张择端为佳，上有宣和天历等玺，余于淄川士夫家见之，宋人云：京师杂卖铺，每《上河图》一卷，定价一金。所作大小繁简不一，大约多画院中人为之。"他们二人都在说，在南宋时期，临安杂卖铺已经在大量出售《上河图》，每卷一两银子，大小繁简各不相同，而且大多数为南宋皇家画院画家所作。说明在当时，《上河图》已经成为一个比较受欢迎的绘画题材。南宋人民怀念故国，《清明上河图》描述当时的帝京之盛，是怀念故国的最好依据。孟元老在《东京梦华录》中也回忆、记述了东京汴梁旧时的盛况。

根据现存史料，元代此画的摹本或仿本不多，元代《清明上河图》真本进入内府（皇宫），元代皇帝不怎么喜欢书画，此图被皇家装裱匠用摹本替换，真本流入民间。

在众多版本中，现在公认的真本是现存于故宫博物院的《清明上河图》，其被著录于《石渠宝笈》三编。《石渠宝笈》三编本原藏于皇宫，后来被溥仪以赏赐弟弟溥杰的名义盗出，辗转运到长春伪满皇宫。1945年苏军出兵东北，日本败亡，溥仪仓皇外逃中携带此图，在沈阳机场被截获，并移交东北博物馆。关于这段流传经历，还有不同版本，在此不再赘述。后经杨仁恺先生鉴定为真本，得到很多专家，比如郑振铎、徐邦达等的认可。

一、流离辗转，传奇故事成就绝世名卷

北宋以后，《石渠宝笈》三编本在宋金元期间大多由贵族豪门或皇宫收藏，民间对这幅画的了解有限。明代，王忬与严嵩、严世蕃父子关于此画的故事广为传播，还被编为戏曲《一捧雪》，《清明上河图》从此进入大众视野。在古代，戏剧的传播力量是巨大的，是当时最为广泛的传播媒介。《一捧雪》为这幅画做了大量的免费广告，使之达到了妇孺皆知的地步。

关于王忬和严氏父子就《清明上河图》的关系，故事版本很多，按照晚明收藏家、学者李日华的说法，这幅画曾经被明代兵部尚书陆完收藏，陆完死后，他的夫人把这幅画缝在枕头里，不让任何人看。但是，她拗不过王姓外甥的一再要求，答应他可以看，但不能携带笔墨纸张。王姓外甥是一位

北宋　张择端《清明上河图》局部　故宫博物院

画家，每次看后回家都马上作画。如此往来两三个月，阅读数十次，于是就背临（靠记忆临摹）了一本。当时的权臣严嵩知道有一幅《清明上河图》存世，正在多方寻找，时任蓟辽总督的王忬（大文学家王世贞的父亲）为讨好严嵩，从王姓画家那里花800两银子买下了这幅《清明上河图》。王忬不知是假，但是与严嵩、严世蕃父子交好的汤姓装裱匠发现是假的，向王忬索要保密费40两银子，王忬不信，当然也没有给他银子。严嵩父子得到这幅图后举办大型酒会，现场展示此图，汤姓装裱匠向画上泼水，作伪痕迹马上显露出来。严嵩丢了面子，很是愤怒，对王忬怀恨在心。后来，王忬对外作战失败，严嵩借故上奏皇帝，王忬被斩首示众。这位王姓画家名叫王振斋，也因此给自己带来灾祸，后来死在狱中。

按照明代文学家沈德符在《万历野获编·伪画致祸》中的说法，《清明上河图》在大学士王鏊家里，为严嵩所知，但是王鏊十分富有，不会出卖这幅画，装裱匠汤臣与王鏊、王忬都很熟悉，王忬托汤臣向王鏊商量购买这幅画，没有谈成，于是找苏州画家黄彪另画了一幅，交给严嵩。黄彪也是一个绘画高手，现在还有一幅画存世，现藏台北故宫博物院，名为《九老图》。严嵩非常高兴，为此大宴宾朋，但是嫉妒王忬的人向严世蕃举报此图是假。严嵩大为尴尬，对王忬怀恨在心，后来借故让皇帝杀死王忬。也有人说举报人就是汤臣。

王世贞画像

还有一个版本说的是，王忬买到的是真本，但找人复制了一本送给严嵩，被装裱匠发现，并向严嵩举报，致使王忬被杀。据明代佚名《寒花盦随笔》记载，举报人不是装裱匠，而是大文学家唐荆川。王忬被杀以后，他的儿子王世贞决心为父亲报仇。王世贞是当时的文坛领袖，他知道唐荆川爱好文学故事，于是花三年时间写成《金瓶梅》，并在每一页上都涂了毒药，让人在唐荆川回家的路上叫卖。果然，唐荆川被叫卖声吸引，买了这部书，在轿子里就开始观看，看得十分投入，没有到家就死掉了。这个故事把《清明上河图》与市井畅销书《金瓶梅》联系在了一起，使得这幅画的名声更大了。关于《金瓶梅》的作者历来争论不断，这仅是其中一种说法。

这个故事还被顾公燮的《消夏闲记摘抄》、徐树丕的《识小录》、田艺蘅的《留青日札》等书记载，不断被添枝加叶，传来传去越来越离奇，更富传奇性。这些故事大多属于杜撰，戴立强先生在《〈清明上河图〉是否引发过"尤物贾祸"的悲剧》一文中引用王世贞多份文件，证明所谓汤裱褙揭发王忬假画一事不可靠。文中引用的一则资料很有说服力，即王世贞曾应汤装裱匠的要求为其赋诗二首，诗名为《汤生装潢为国潮第一手，博雅多识，尤妙鉴赏家，其别余也，出纸索赠言，捻二绝句应之》："钟王顾陆几千年，赖汝风神次第传。落魄此生看莫笑，一身还是米家船。"如果汤裱褙举报过自己的父亲，以致引来杀身之祸，王世贞怎么可能还为他写诗唱赞歌。王世贞还将这两首绝句收入自己的文集《弇州四部稿》中。戴立强先生推测此两绝句作于王忬被害之后，也就是1559年以后。

这些故事的广泛流传，都给《清明上河图》增加了神秘色彩，使其声名远扬。

　　此图在严嵩家里待了一段时间以后，严嵩被抄家，此图进入皇家内府。后来，明穆宗（隆庆皇帝）不喜欢书画，加上国家财政困难，有人建议用宫内的绘画折抵官员俸禄，皇帝批准了，这就是著名的藏画折奉事件。成国公朱希忠和弟弟朱箧庵都是大收藏家，通过折俸事件获得很多大内书画珍品。在折俸政策实施前，有一个小太监知道《清明上河图》的价值，将之从仓库中偷了出来，不巧正遇到管事的人来，小太监慌忙中将这幅图塞到御沟石头缝里。当天正赶上下大雨，水漫御沟，大雨接连下了两天，等到水退了，这幅画已经烂掉了。据詹景凤的《东图玄览编》记载，故事稍有出入，但是大体一致。依照上述说法，《清明上河图》真本早就毁掉了，可是为什么现在还藏在故宫里呢？据徐邦达先生分析，这个故事是太监冯保编出来蒙骗世人的，是他故意释放出来的烟幕弹。实际上，此图真迹被冯保盗出，现在此图还有他的题跋："余侍御之暇，尝阅图籍，见宋时张择端《清明上河图》，观其人物界画之精，树木舟车之妙，市桥村郭，迥出神品，俨真景之在目也。不觉心思爽然，虽隋珠和璧，不足云贵，诚希世之珍欤，宜珍藏之。时万历六年，岁在戊寅仲秋之吉，钦差总督东厂官校办事兼掌御用监事司礼监太监镇阳双林冯保跋。"隆庆皇帝死后，万历皇帝即位，当时，冯保权势正

盛，任司礼掌印太监。这个职务可了不得，可以代皇帝"批红"，也就是批阅奏章。他买通内线，从宫里盗出此图对他来说易如反掌。他为了消除嫌疑，才故意编造故事蒙骗世人，然后此图就可以安然地躺在自己的家里。但是，后来万历皇帝亲政，他被放逐南京和抄家，弟弟、侄子等人也受到牵连，被削职入狱，死在狱中。冯保书法很好，这一点可以从他的题跋中看得出来。他还善于

冯保题跋

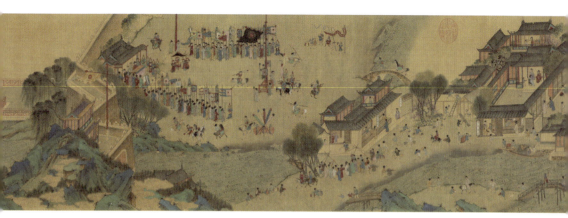

明　仇英《清明上河图》局部　台北故宫博物院

鼓琴，是一个文艺爱好者。这也是他盗窃《清明上河图》的原因之一。奇怪的是，虽然他被抄家了，但《清明上河图》没有进入皇宫，而是流落民间。

由上述故事也可以看出，明代在严嵩时期已经出现仿本，这个时期正是明中期。有了这些故事的铺垫，很多人想一睹这幅画的真容，产生了巨大的社会需求，而原件只有一件，在皇宫和权贵之间流转，根本无法满足巨大的社会需求，于是"造假"成为一种必然。根据学者们的研究，16世纪中期是大规模仿制《清明上河图》的开始时期，仅仅李日华就见到过三个版本。

在后世仿本中，苏州片的数量巨大。所谓苏州片，就是明代苏州人绘制的假画。明代中后期，苏州工商业发达，成为全国的财富中心，造就了很多富有的工商业者，他们为了附庸风雅，开始购买名画等艺术品。苏州片正是为了满足他们的需求而被制造出来的。其中，《清明上河图》是被临摹复制最多的画作。这些仿本、临本，甚至臆造本，大都署名仇英绘制，青绿设色，颜色很重。而事实上，大画家仇英是不是画过这幅画，还很难说。即使是现在的辽博本，从画面人物造型和建筑绘制风格来看，也都不是仇英所作。

仇英是明代大画家，是"明四家"之一，沈周的弟子，吴门画派的重要代表人物，擅画人物、山水等，是当时最负盛名的画家之一。仇英的名字就是名牌，所以，苏州片的制造者都愿意署名仇英绘制，主要是为了好卖。这

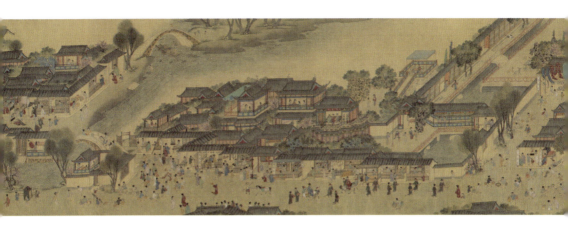

些绘制者大多是画匠，他们画艺不高，主要是为了挣钱。现在看来，大量的苏州片《清明上河图》绘制十分粗糙、笔法幼稚，人物绘制不合比例，头大身子小，结构不合理，漏洞百出，但是存世量很大。

虽然这些画艺术水平十分一般，但是不少人在绘制过程中融入了一些个人意识，增加了不少内容，明代仿本中就融入了大量明代社会市井资料，如店铺、服装、迎亲、戏台、打架、僧人化缘、赛龙舟等，这些资料具有重要的社会史料价值。明代仿本中，城市街景要比原作《石渠宝笈》三编本丰富很多，又增加了皇家御苑金明池的内容，画作长度大多是原作的两倍以上。

现在各种版本的《清明上河图》存世量巨大，据单国霖先生统计，全世界《清明上河图》存世共有117幅。这个数字仅仅是被公布出来的公私藏品数量，那些没有公开的藏品估计还有不少。这是中国绘画史上的奇迹，一幅绘画开创了一个类别，产生了一个很大的家族，这在中国绘画史上仅此一例。其他绘画虽然也有仿品，但是数量都无法和《清明上河图》相比。所以，已故的河南大学周宝珠先生曾经提出要建立清明上河学。提出这个问题的一个原因是《清明上河图》的内容太丰富了，值得建立一门学问来研究；另一方面，此图仿本甚多，数量巨大，值得研究。即使是明代仿本，虽然画艺不高，但是社会价值很高，因为它们反映了明代城市的市井风貌，也是难得的图像资料。

二、梦萦东京，历朝历代的名画周边

在宋代，除了张择端的《清明上河图》以外，还有一本书对东京汴梁记录甚详，那就是南宋孟元老的《东京梦华录》。人们在研究《清明上河图》的时候总是和这部书相互印证。现在被著入于《石渠宝笈》三编本的《清明上河图》被认为是真本，现藏故宫博物院。这个本子的内容和《东京梦华录》记载内容很多可以互证，但仅仅是类别而言。比如图中有纸马铺，《东京梦华录》中也记载了东京纸马铺的情况。但是十分有意思的是，凡属于《东京梦华录》中具体的店铺名，《石渠宝笈》三编本中一个都没有，反倒是明代一些仿本在刻意根据《东京梦华录》的记载绘制具体的店铺名称。比如现存台北故宫博物院的传为张择端所绘制的《清明易简图》中就根据《东京梦华录》中的记载专门绘制了"孙好手荤素馒头""会仙酒馆""上用花石""李师师瓦肆"等内容。运送花石纲的大船在虹桥附近，是一条豪华大船，桅杆上悬挂一面黄旗，上书"上用花石"，大船像游船一样，带有棚子，刷有红漆，船身上还画了龙纹。在这条船的右边还有一条正在行进中的大型官船，船舱内坐有一位高官，在船舱靠近船头位置高高悬挂五块竖牌，上面白底黑字分别写有"奎章阁""参知政事""京东转运××花石""江淮盐运"，有一块牌子被遮挡，无法辨认。

北宋　张择端（传）《清明易简图》中的李师师瓦肆
台北故宫博物院

北宋　张择端（传）《清
明易简图》中的孙好手荤素
馒头铺　台北故宫博物院

按照日本人野岛刚的划分，现在存世的《清明上河图》共分三个系列：《石渠宝笈》三编本系列、仇英本系列、清院本系列。清院本是乾隆时期陈枚、孙祜、金昆、戴洪、程志道等五位宫廷画师绘制的，可以明显看出参照了仇英本的构图，只不过绘制较为工整罢了。因为当时真本《清明上河图》还在毕沅家，没有进宫，所以乾隆皇帝没有见

北宋　张择端（传）《清明易简图》中京东转运花石大船　台北故宫博物院

到。但是，他又对这幅图十分向往，于是就让自己的宫廷画师绘制了一幅。这个本子，色彩丰富，被称为清院本。现在看来，野岛刚的这个划分是很勉强的，没有一个仿本是照着《石渠宝笈》三编本绘制的，比如现在无论是仇英本，还是清院本，图中的虹桥都是石拱桥，可《石渠宝笈》三编本中是木

拱桥，而且是木拱桥的《清明上河图》仅此一本。奇怪的是，这些仿本大都是仇英本系列。那么仇英本又是依据什么来画的呢？难道仅仅是听说后，根据想象绘制的？这些仿本中按照清院本绘制的也很少，沈源本是少数之一，它是一个线描本，仅仅勾了线，是墨稿，内容有增减，比如在画面开始画有坟茔，还有扫墓人员。

现在仇英本哪一个是祖本争论也很大，国内多数人认为辽宁省博物馆藏的是真本，单国霖先生认为有一本私人藏本辛丑本是真本。但是都未有定论。

仇英本、清院本都加入了很多市井内容，比如结婚、打架、戏台、建造房屋等，最主要的是这些仿本无一例外都加入了金明池（皇家宫苑）的内容。这是《石渠宝笈》三编本所没有的。所谓金明池，是北宋东京汴梁的一处皇家御苑，在城外的西边，每年三月初一到四月八日向公众开放，有人认为《清明上河图》除了画郊外、城市街道，还应该一直画到金明池才对。明代仿本大都沿袭仇英本的做法，都画有金明池，清院本也是这样。现在天津博物馆存有一幅署名张择端的《金明池争标图》，但是和《石渠宝笈》三编本风格差异很大，很多人认为不是张择端作品。有人认为现藏上海博物馆的《闸口盘车图》

明　仇英《清明上河图》中的金明池段　辽宁省博物馆

和《石渠宝笈》三编本风格很相似，推测可能是张择端的另一幅作品。

现在，有关《清明上河图》的文创开发数不胜数，有丝绸版、花梨木版、剪纸版、动画版等，也经常被作为装饰图案印在丝巾、杯子、镇纸、服装等物品上。北京读客公司还策划出版了一本《清明上河图密码》，将图中人物一一复活，演绎成故事，成为畅销书。人们愿意看到《清明上河图》，愿意购买相关文创产品。这就是一个超级IP，是一笔开掘不尽的文化资源。

总之，《清明上河图》的族谱很庞大，这是一个画史奇观，很值得研究。现在研究《清明上河图》的学者很多，虽没有研究《红楼梦》的人数多，但是也是一个不小的群体。现在在知网上能够检索到关于这个专题的学术文章有千余篇，还有很多大众普及类的文章，相关图书数量也很大。《清明上河图》的研究事实上已经成为一门独立的学问。有的人研究图中的酒店、建筑，有的人研究图中的运河、船只，有的人研究图中的人物服饰，还有的人研究图中的车马、城市空间布局，等等。《清明上河图》已成为研究宋代文化乃至传统文化的重要切入口。

第二章
微距细读：名画细节的现代解读

一、中国古代的文化表情

如果我们非要在中国绘画中选择一幅作为中国文化名片，宋代张择端的《清明上河图》肯定是呼声最高的作品之一。在一定程度上，《清明上河图》就代表了中国古代绘画。它既是中国古代绘画的名片，也是中国古代文化的名片。《清明上河图》是典型的中国符号，是每个中国人的必修课，它和大运河、长城、故宫等共同构成中国传统文化的符号体系。它们都在强化中国人的审美观，强化中国人的集体共识和文化认同。它们都属于中国文化的表象符号与图像文化部分。用一句时髦的话来说，《清明上河图》是宋代的表情包，既然是表情，就是看得见、摸得着的，是图像化的。

《清明上河图》之所以成为中国古代绘画知名度最高的绘画，除了其突出的艺术性以外，还有传播的原因。自明代以来，各种版本的《清明上河图》大行其道，这些临摹本、臆造本都在为《清明上河图》扬名。新中国成立以来，各种教材以及其他印刷品更是不计其数，使得这幅画广为人知，家喻户晓。故宫《清明上河图》的每次展览都十分火爆。在2015年举办的展览中，排队三四个小时是司空见惯的，最长排队时间为6个小时，而且每人只能观看5～10分钟。为什么此图如此令人着迷？因为它的名声太大了，我们为它所做的宣传铺垫太多了。当然，主要还是因为它太卓越了，此图已经成为中国人对传统文化的审美入口。

《清明上河图》中绘有大量的中国符号，丝绸、瓷器、中国式建筑、运河等都是中国人的伟大创造，是对世界发展的巨大贡献，对外代表中国，是中国文化的最典型符号，这些符号都在强化中国主题。

《清明上河图》具有图画传播的优势，图画没有语言障碍，任何民族的人都能看明白。现在我们都在讲中国文化走出去，《清明上河图》是中国文化走出去的最佳载体之一。事实上，《清明上河图》已经走出去了，为很多外国人所了解。《清明上河图》各种仿本收藏在世界各地的博物馆，美国、日本、奥地利、英国、法国等国都有收藏。比如，美国大都会艺术博物馆藏有仇英本《清明上河图》、弗利尔美术馆藏有仇英本《清明上河图》，英国大英博物馆藏有三件《清明上河图》，奥地利维也纳应用艺术博物馆藏有《全景清明上河图》，日本藏有19件《清明上河图》仿本。各国有不少的专家研究《清明上河图》。比如日本的加藤繁、古原宏伸、伊原弘、野

明　仇英《清明上河图》中的城门段　美国大都会艺术博物馆

岛刚、中野美代子、板仓圣哲、新腾武弘、铃木敬，英国的阿瑟·韦利、韦陀，美国的班宗华、高居翰、孟久丽、乔迅、胡素馨、潘安仪、罗樾，法国学者得儿根斯，等等，他们成为一支研究《清明上河图》的海外专家队伍。《清明上河图》已经不仅仅是一个中国的研究主题，而是一个世界范围的研究主题。

风俗就是在一定时期，在特定人群内共同遵守的行为模式或规范，部分表现为生活习惯。民间风俗是一个民族文化的重要特征，对于中国人来讲民俗是中华文化的重要组成部分，是联系中华民族的精神纽带，比如通过春节、中秋节等节日获得共同的价值认同，也成为一种重要的凝聚力量。

而风俗画是一种社会写实，是画家眼光下视的产物，不再仅仅是神佛仙道、皇家贵族等题材，而是把老百姓生活的一点一滴都记录下来，是一种市井风貌，更加接地气，更具烟火气，也更可爱，更生动。从这种意义上来讲，画家就好像由仙界下凡到了人间。

风俗是鲜活的，带有浓厚的时代气息。既然是"风俗"，就具有时代性，就像刮风一样，一阵子过后，就没有了或者变化了。私塾时代的风俗到学校时代可能就逐渐消失了，比如拜师礼、给老师叩头等。有些是由于礼制的要求而形成的风俗，有的是一种无意识的共同性、习惯性行为。饮食、节日、服装、建筑、语言、丧葬、婚姻里面都有大量的风俗习惯，比如过年习俗、婚丧嫁娶习俗等。

孔子说："礼失求诸于野。"意思是说，如果那些礼节失传了，到农村去找，往往能够找到。城市是追星的地方，是一个时尚潮流劲吹的地方，农村是保留传统的地方，几百年甚至上千年的老传统往往都能在农村找到，而在城市里，这些习俗早已消失得无影无踪。大规模城市化，使得民俗正在逐渐消失，而且加速消失，尤其是随着农村自然村落的大量消失，民俗更是加速消失，皮之不存，毛将焉附？有识之士都在为传统文化的传承担心。《清明上河图》是农耕时代的产物，为我们保存了农耕时代的很多信息。有些信息我们不认得了，变得陌生了，所以我们称之为"谜"，这实际上是社会变迁的原因造成的。张择端在绘制此图的时候，每一个景物大家都认得，可是过了几百年以后，时移世易，事物的名称变化很多，甚至有些东西消失了，所以有些东西我们不认得了。比如，在图中三次出现的一个人在一个长竿子上绑着一个花圈状物，至今没有人解读。又如，在汴河大拐弯处，从一条船上斜向水面伸出一条绳子，这条绳子直直的，在与水面接合处，有一个扇子形状的漂浮物，至今无人解读。此图中还有不少的谜，这也是它的魅力之一。

河中扇状漂浮物

张择端在绘制《清明上河图》之前，汉代画像石上已有一些庄园内的生活场景，还有一些市井场景。唐代裴孝源的《贞观公私画史》中记载了一些风俗画，如《新丰放鸡图》《田家社会图》《邺中百戏图》《农家田舍图》《村社会集图》等。北宋的《宣和画谱》也记载了一些风俗画，如《田家风俗图》《村社图》《田戏人物图》等。但是，上述画作仅见文字著录，图画都已经失传了，我们没有办法看到图画的内容。从图画名称来看，汉唐时期已经有一些社会风俗画。宋代社会风俗画开始盛行，现在存世的有北宋苏汉臣的《秋庭婴戏图》《重午婴戏图》、北宋李唐的《灸艾图》、南宋朱锐的《盘车图》、南宋李嵩的《货郎图》、南宋刘履中的《田畯醉归图》等，但是没有人像张择端这样把一个城市的一部分如实描绘出来，在一幅手卷中把农村风光、汴河风光、城市街道融合在一起，绘制出几十座建筑、八百多位人物、几十匹驴马、上百棵树木、二十几条船只，还有轿子、家具等，简直就是一部市井百科全书。

在《清明上河图》中，无论是建筑、船只、树木，还是车马、人物，都绘制得十分精美，每一个细节都经得住推敲，对一个画家来讲这是很难做到的。一般来说，一个画家往往擅长画一类画，比如花鸟、山水、人物，甚至只是画某一类的一个小专题，比如宋代苏汉臣擅于画婴戏图，李成擅于画山水寒林画，李公麟擅于画人物画，像张择端这样全能式的画家十分少见，这是一个奇迹。时间虽然过去了几百年，但张择端还是让现代人顶礼膜拜。

张择端的《清明上河图》开启了中国城市审美的历程，街道之美、店铺之美、建筑之美、民俗风情之美都被纳入城市审美的视野。

二、超越常人的视角

在《清明上河图》中，张择端采用斜向俯视的角度来画河景、街景，而不是平视，如果是平视，我们无法看到屋顶，斜向俯视的角度能够容纳更

斜向俯瞰的视角

多的内容，使画面视野更开阔，这是一种非常人视角，对于一个走在大街里的人来说，他是没有办法获得这样的视角的。即使是站在城市的某处制高点上，也只能看到一段景象，不可能看到一个这样的连续的俯瞰景象。这就需要艺术家的合理想象，好像一架无人机在城市上空斜向俯视拍摄一样，后世的很多长卷式绘画大都采用了这样的视角，这是一种创造。

《清明上河图》整幅图使用了中国式的散点透视法，是一种摄像机的视角，而不是照相机的视角；是边走边看，是一种游观，不是站在一个地方的凝视，更接近人边走边看的状态。它描绘的是连续时空，而不是某一时刻。

游观视角

西方大多数绘画描绘的都是某一地点的具体某一时刻，而看中国画的手卷，就好像是在看电影。这是一种中国人观察世界、记录世界的独特方式。从顾恺之的《洛神赋图》《女史箴图》就已经开始了，《韩熙载夜宴图》《清明上河图》《姑苏繁华图》《康熙南巡图》《乾隆南巡图》都是这种审美方式的代表。

张择端在《清明上河图》中对船只的绘制达到了无与伦比的程度，可以说空前绝后。他把关于透视关系的近大远小运用得非常熟练，比如虹桥部分、城内十字路口、大河拐弯处的透视比例都很准确。他对船只进行了多角度的描绘，各种船上的设备细节也十分丰富，而且富有立体感。此外，

他还使用了透视法中的缩短法。所谓缩短法，就是由于透视导致绘画对象的部分线条看起来比实际上要短，主要用于正面物象的绘制，比如正面的船只、车辆、躺着的人体等。仇英本、各种仿本、清院本《清明上河图》中所画的船只都无法和他相比。他画的船完全符合透视关系，让人看了非常舒服。同时，他还使用了焦点透视法。关于这一点，很多人可能不相信，中国在清代以前没有焦点透视啊。事实上，中国人早在唐代就开始使用焦点透视，在敦煌的一些壁画中已经使用了焦点透视。从唐至宋，中国画家一直在探讨焦点透视画法，比如在图中城门部分，虽然焦点透视还不太准确，但是这是一种可贵的探索。只不过在宋代以后，我们没有在这一方面继续探索而已。因此，说古代中国没有焦点透视是完全错误的。

图中的透视关系

图中的透视关系

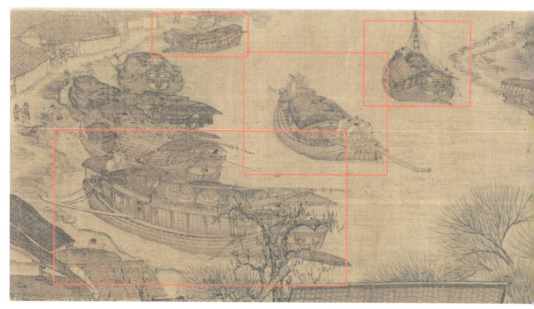

图中的透视关系

使用缩短法绘制的船只

三、繁而不乱的布局

　　《清明上河图》布局十分巧妙，村野风光、河景、街景自然流畅，起承转合，让人产生身临其境的感觉。图中房屋、车辆、驴马、人物、树木繁而不乱，而且互相呼应，意趣无穷。图中的众多人物都不是孤立的，他们和周围的环境、人物都是有呼应的，所以画面看起来十分生动、鲜活。比如在孙羊正店十字路口，人物被分为很多组，说书摊周围的人围成一圈，正在听说书人说书；几个儒生正在逗弄一个学步的孩子；两个道士边走边聊；一个儒生骑在马上，遇到自己的老师，想上去打招呼，老师用扇子遮住脸，表示不方便；两个挑担小商贩边走边聊；"解"字铺前一个仆人正在指挥人们为主人的马匹让开道路。在图中几乎找不到一个孤立的人物，这是一种十分高妙的设计。

分组与呼应

河景局部

所以，这一幅图里面蕴含了很多中国文化密码，是当之无愧的中国文化代表，可以对外代表中国形象，也难怪西方汉学家教学时都是以这幅图作为中国文化学习的入口。

《清明上河图》中的河流是汴河，汴河是隋唐至宋大运河黄河以南的重要部分，隋代称为通济渠，贯通黄河与淮河。全图河景占了将近一半的篇幅，这是最早描绘大运河的画作之一。汴河中有多处码头，有各种船只24只，其中22只是大船，2只为小船。汴河上一片繁忙的景象，汴河两岸餐馆、茶馆、商铺林立，虹桥上人们摩肩接踵。汴河是北宋东京的生命之河，北宋东京百万人口，粮食主要依赖汴河，东南的粮食等物资都通过汴河运到东京，国家一半的财赋收入来自汴河，所以汴河是北宋王朝的命脉。

北宋神宗时宰相张方平曾说："今日之势，国依兵而立，兵以食为命，食以漕运为本，漕运以河渠为主……故国家于漕事，至急至重……有食则京师可立，汴河废则大众不可聚，汴河至于京城，乃建国之本。"汴京驻有十几万禁军，这些军队消耗的粮食主要靠汴河来运输，没有汴河运来的粮食，军心就会不稳。有粮食京师才能稳定，汴河废弃了大众也就散了，从这个意义上来讲，汴河是立国之本。除此以外，宋代的很多税赋来自汴河，《宋史·河渠志》中说："汴水横亘中国，首承大河，漕引江湖，利尽南海，半天下之财赋，并山泽之百货，悉由此路而进。"宋政府一半的税收来自汴河，其重要性不言自明。

千年大运河是中国的文化符号，它可以和长城相媲美，被称为中国古代两大纪念碑式的伟大工程，对中华文化的集体认同和凝聚力帮助很大，是中华民族文化认同和民族向心力的基础和重要表现，也是国家统一和稳定的基础。

第三章
天下为公：名画里的各行各业

  "大道之行也，天下为公"（《礼记·礼运》）体现了几千年来中华民族追求人人平等、天下为全民所共有的大同社会的理想和信念。中华精神延续到今天，"天下为公"依然是我们中华文化中的核心价值与普世观念。"中华民族历来讲求'天下一家'，主张民胞物与、协和万邦、天下大同，憧憬'大道之行，天下为公'的美好世界。"这是习近平总书记在中国共产党与世界政党高层对话会上所发表的主旨讲话中的一段，也诠释了"天下为公"这一中华民族传统文化思想精髓的历史传承和当代价值。

  宋代，作为中国古代文化与艺术极度繁荣的时代，在某种程度上也是依赖当时开明的律法和宽松包容的社会文化，而这也是"天下为公"思想影响的具体体现。宋代士人不同于前辈学者的一个重要方面，在于注重思想世俗化、生活化（陈野等，《宋韵文化简读》）。因此，我国古代市民文化萌芽和勃兴于宋代。在这一时期，中国历史上第一次出现了城市平民阶层，人们对工商业的认知也发生了改变，对各阶层的社会价值都给予了肯定和空间，而农民也在法律上被允许可以自由迁徙。"天下为公"的理念和追求，在这一时期得到了很好的体现。在这样的背景下，大批农民"进城务工"，形成了繁荣喧嚣的宋代城市，就和我们的现代城市一样，包容了五湖四海的奋斗者，与他们同呼吸、共奋进。每天，我们站在城市的马路边，都能听到汽笛、音乐等各种声音，某一天，我突然好奇，千年之前站在这里，我会听到什么声音，看到什么人，那时候有没有"外卖小哥"，那时候"打车"出行又是什么光景。所以，让我们再次走进《清明上河图》，"听听"两千年前城市里的那些喧嚣声以及声音背后的那人那事。

一、《清明上河图》里的大合唱

北宋张择端绘制的《清明上河图》是一部百科全书，信息量巨大，需要我们多维度解读。近些年，我看了很多关于《清明上河图》解读的书籍和文章，有些只是零星涉及声音，还没有人专门从声音的维度去解读，那么我们就来做第一个吃螃蟹的人。

一座城市没有声音是不可想象的，那是死寂的城市、可怕的城市，是不存在的城市。可是，很多人在解读这张画的时候，却往往忽视了声音的维度。

在画中，有朋友之间低声的问候与寒暄，也有大声的呼叫，还有各种叫卖声、牲口叫声、大车轮子发出的吱吱呀呀的声音、城市的钟鼓声，可以说此起彼伏，相互交织，构成一曲东京汴梁街市的大合唱。

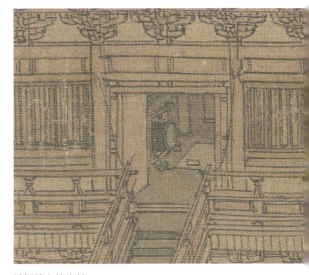

1. 钟鼓声

图中最高建筑城门楼内清清楚

城门楼上的大鼓

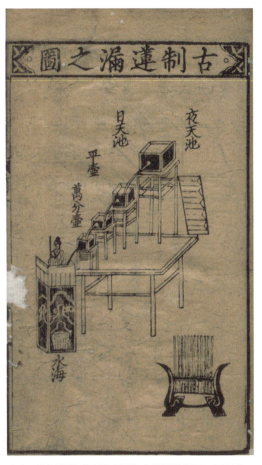

南宋　陈元靓编《事林广记》中的莲花漏壶　元刊本

楚地画着一面大鼓，这个大鼓是城市报时用的，是古代城门楼的标配。城门一般比较高大，钟鼓声传得更远一些。城市的运行没有时间就会乱成一团。一个高度发达的京城，没有时间简直不可想象。时间决定着城市的节奏，城门的启闭、公务人员上下班、普通人的定时作息等，都需要精确的时间。报时的钟鼓声成为整个城市的神经系统，左右着人们的作息，决定着城市运行的节奏。

一般来讲，城市的钟鼓声由城门发出，城门上设有漏刻计时装置，鼓楼是城市的指挥中心。在唐代长安，报时钟鼓声率先由皇宫南大门承天门城门楼发出，之后传遍城市的各个角落。当时的计时系统归授时中心管。授时中心开始归太史局管，后来改为司天台。宋代改为司天监。"宋代漏刻计时已臻精善，报时制与报时器亦屡有增善。宋仁宗天圣八年（1030），燕肃造设了中国首台使用漫流系统的平水壶'莲花漏'，消除漏水壶水位变化对流量的影响，提高了报时的精度。皇祐元年（1049），周琮、苏易简等人在莲花漏的基础上，再加一级平水壶，研发出'皇祐漏刻'，使水流更加均匀平稳。"（梁志宾著《风雅颂——宋朝生活图志》，中国财政经济出版社，2014年9月版，100页）宋神宗时期，司天监归大名鼎鼎的科学家沈括管理。沈括改革了浑仪、浮漏和影表，计时精度大大提高。

元代沿袭宋代设置司天监，明代改为钦天监，清代沿袭明代称谓。我们现在的授时中心不在北京，而是在陕西省西安市临潼区书院东路3号的中国科学院国家授时中心。

宋代钟鼓楼设于皇宫中轴线西侧的文德殿前，鼓楼在文德殿东南角，钟楼在文德殿西南角。鼓楼下设有漏室，漏室里设有计时的漏壶等装置，有专人观测并报时。南宋时期，钟鼓楼位于皇城和宁门门楼上。宫城里计时机构专设报时人员——"鸡人"。我国早在周代已经开始设置鸡人作为专门的报时人员。鸡人报时被称为"鸡唱"，这种叫法非常形象。雄鸡报晓，这是最原始的动物报时，老百姓千百年来都靠雄鸡报晓知道拂晓的来临。另外，据宋敏求《春明退朝录》记载，宋代东京每一个坊都有一座小鼓楼，用于报时。当时东京内城、外城共有120坊，城外还有十几个坊，合计130余坊，也就意味着东京有130余座小鼓楼。

12时辰计时，西周时期已经开始了。北宋规定，一天12个时辰，每一个时辰都有鸡唱，然后敲鼓15下（正午敲鼓150下）。夜晚每更报时，报时改为敲钟。五更五点（凌晨5点，每更分为五个节点，每个节点间隔24分钟）天要亮了，这是一个非常重要的时刻，击钟100下，鸡唱击鼓。宋代还有专门的《鸡唱词》："天欲曙，淡银河。耿珠露，平旦寅。辟凤阙，集朝绅。日出卯，伏群阴。光四表，食时辰。思政治，味忘珍。"（梁志宾著《风雅颂——宋朝生活图志》，中国财政经济出版社，2014年9月版，102页）王安石的《次韵祖择之登紫微阁》之一有诗句："宫楼唱罢鸡人远，门阙朝归虎士闲。"在这里，王安石可能是在发牢骚——早朝归来，皇宫报时的鸡唱渐渐淡去，上朝归来的臣子可以闲下来了，发出英雄无用武之地之感慨。

计时信息由宫中报时后传入外间各个报时机构，包括城门报时。"天明击鼓催人起，入夜鸣钟催人息。"明清时北京有民谚："内九外七皇城四，九门八镈（镈是明清时代用来报时的工具，敲起来声音很脆）一口钟。"意思是说内城9个城门，外城7个城门，皇城4个城门。鍏是报时工具，钟是圆的，鍏是扁的。9个城门中，报时的时候，有8个敲鍏，1个敲钟，崇文门敲钟。可见，每个城门都有报时功能，而不仅仅是某一个城门。

古埃及水钟

关于漏刻计时，在古埃及已经发现漏刻水壶，古埃及天文学家阿曼农哈特发明了水钟，就是最早的漏刻。古埃及的水钟是一种带有刻度的石制容器。从上往下越来越细，底部开有一个小洞，内部有12个圆环刻度，一个圆环刻度代表一个小时。古埃及人把白天和夜晚都分为12个小时，24小时计时法由此而来。这种单级水壶误差较大，水位的高低使水压变化较大，水的流速会受到影响，于是后来人们就发明了多级水壶，使得最终计时水壶水面一直保持在一个水平上，从而提高计时精度。

古巴比伦也使用过该技术。这一技术不知何时传入中国。古埃及人在公元前3500年还发明了通过测量太阳光线投射到物体的阴影计时的方法，这就是日晷测影法，他叫影钟。我国古代也有日晷测时的技术，大约西周时期已经开始用日晷。现在考古已经发现汉代日晷。故宫太和殿、乾清宫等大殿前至今还有多件日晷留存。但是这种方法在日出以前、日落以后

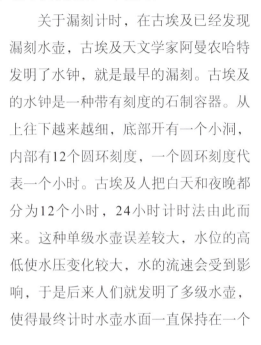

古埃及日晷

无法使用，阴天也无法使用。漏刻则不受太阳起落的限制。

漏刻水壶也会有误差，水位高的时候流速快，水位低的时候则流速慢，人们不断改进这项技术，汉代以前一般是一只供水壶，一只受水壶。传说黄帝时代已经发明漏刻技术。东汉时期开始出现两级供水壶，东晋时期出现三级供水壶，唐代将供水壶

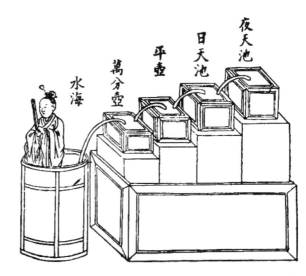

古代计时工具漏壶

增加到四级。宋代发明了分水壶，就是上文提到的"莲花漏"，在下级供水壶上设一个分水孔，超出分水孔的水就会分流出去，使得水位保持不变，从而保持水的流速不变，提高计时精度。但是漏刻在北方冬季会结冰，严重影响计时准确度。所以人们又发明了香篆计时，即通过燃烧香来计时。此外，还有沙漏计时等其他计时工具。

城楼上有专门负责计时的人员。根据漏刻计时，通过击鼓报时。社区有更夫，更夫通过城楼钟鼓声知道时间，然后沿街敲击梆子，还喊话报时。更夫是移动的报时人，是一个职业。他们一手打着灯笼，一手敲着梆子或者锣，边走边报时。据专家说，宋代更夫不仅敲击铁片报时，他们还提醒防盗防火。据孟元老的《东京梦华录》记载："每日交五更，诸寺院行者打铁牌子或木鱼循门报晓。"不过这里报时的是僧人，而不是更夫。报时声成为旧时候城市除了鸡鸣狗叫以外的夜间声音，也成为人们关于晚间的共同记忆。

南宋的《梦粱录》也记载了临安（今杭州）寺院僧人报时的资料："每

日交四更，诸山寺观已鸣钟，庵舍行者、头陀，打铁板儿或木鱼儿沿街报晓，各分地方。若晴则曰'天色晴明'……阴则曰'天色阴晦'；雨则言'雨'。盖报令诸百官听公、上番虞候、上名衙兵等人，及诸司上番人知之，赶趁往诸处服役耳。虽风雨霜雪，不敢缺此。每月朔望及遇节序，则沿门求乞斋粮……御街铺店，闻钟而起，卖早市点心。"这些僧人打铁板儿或木鱼儿沿街报时，告诉那些有公干的人，如百官、值班士兵等人及时起床上班，每个月的月半、月底或者遇节日，这些僧人就向那些接受报时服务的人家募捐钱物。御街上的店铺也在报时后开始营业，给那些有公干的人提供早点。不过，四更相当于现在的凌晨1～3点，这个点就开始报时，可够早的。

而到了清代，大约下午7时为定更，9时为二更，11时为三更，"三更半夜"就是指11点左右。凌晨1时称为四更，3时称为五更，5时称为亮更。五更也就是天亮的时辰。从定更开始，先击鼓，后撞钟，提醒人们休息。从二更到五更，只敲钟不击鼓，因为人们在休息中。鼓声比较激越，容易惊醒睡梦中的人们，而钟声比较悠扬，甚至有安眠作用。

进入亮更，就开始敲鼓了，先撞钟，后敲鼓。快敲18下，然后慢敲18下，这叫快18、慢18，快慢相间，共击6次，合计108下。撞钟的方法和击鼓的方法一样。108声鼓声、108声钟声，要持续相当长一段时间，这是反复提醒新一天的到来。据说，北京钟楼发出的钟声可以传20公里。可以想见声音之大。这可能是一天中最大的声音了。钟鼓声定时回响在城市的上空，更夫的声音晚上在各个社区里面响起。

现代钟表产生以后，城楼钟鼓不再报时了，更夫也失业了。钟鼓声和更夫报时也就消失了。我们在一些古代笔记、诗文中经常见到关于钟鼓声的记载，人们习惯了伴随钟鼓声而眠、伴随钟鼓声而起的生活。钟鼓声成为古代都市人牢固的记忆。

寺院里一般设有钟鼓楼，也会发出钟鼓声。早晨击钟起床，晚上击鼓诵经，陆游在《短歌行》中有这样的诗句："百年鼎鼎世共悲，晨钟暮鼓无休时。"晨钟暮鼓已成为旧时生活中的标配。

2. 牲口的叫声

在没有内燃机的时代，城乡大量使用牲口作为动力，牛、马、驴、骡子等，这些牲口充斥着城乡的各个角落，它们不仅会干活，还会叫唤。

《清明上河图》中开始一段有一匹惊马，画面此处破损，仅仅剩下马屁股。周围的人纷纷避让，后面一个人在追赶着，有一个小孩正在惊马前方玩耍，非常危险，看护人急忙前往。前方一座茅屋边

惊马场面

上有一站一卧两头牛，一副无动于衷的样子，只是看看而已，这符合牛的性子。牛的性子比较慢，处乱不惊，十分正常。但是，一家小饭馆前拴着的一匹马却十分躁动，撅尾巴，四蹄乱跳，张嘴嘶鸣。

马最容易受惊，受惊后就会狂奔，在乡村等人少的地方伤害小一些，在人多的都市街道上对行人的伤害很大，被惊马踩踏非死即伤。惊马本身会叫，小时候在老家我见到过惊马，它会不停地嘶鸣，令人恐惧。在古代，在没有汽车的时代，惊马是最大的交通事故制造者，所以面对惊马，人们都会大声呼叫，提醒人们躲避。马的主人更是惊恐万状，会紧紧地追在马的身后并想办法拦截惊马。这一段可以说是这幅画中声音的一个小高潮。

城内驴车

我们还可以见到图中运送木炭的驴队，还有好几辆驴车、牛车等，赶牛车、驴车、骡车的人要不断地给牛、驴、骡子发出指令，他们的吆喝声、驴马牛的叫声、人们的呼叫声，可以说此起彼伏，形成一支城市奏鸣曲。上海世博会期间水晶石公司制作的动态版的《清明上河图》恢复了部分声音，可以帮助大家体验此图中声音的妙处。

孙羊正店边上十字路口有一辆快速行进的四头驴拉的车，有可能因为是轻车，最左边的一头驴子兴奋地大叫。驴子的叫声高亢、嘹亮、穿透力强。

魏晋时期在文人高士中流传一种啸艺，就是通过舌头、喉咙等发出的高声的、持续的吟唱。有人认为驴子的叫声很美妙，就模仿驴子的声音，天天学驴叫，比如曹丕率领一帮文人朋友祭奠"建安七子"之一的名士王粲时，就率领大家大声学驴叫。因为王粲生前最喜欢听学驴叫，所以曹丕等人就用学驴叫来祭奠自己的好友。当时最有名的高士孙登就是啸艺高超的人，受到很多文人的追捧，包括阮籍、嵇康。阮籍跟孙登学艺三年。嵇康去拜望孙登，连问几个高深的问题，孙登都不回答。最后，嵇康只能悻悻而返，行至半山腰，忽然听到高妙的啸声，嵇康知道这是孙登在回答他的问题。

隋唐至宋很多名人喜欢啸艺，李白、王维、苏轼都是如此，苏轼的《定风波》有诗句："莫听穿林打叶声，何妨吟啸且徐行。竹杖芒鞋轻胜马，谁怕？一蓑烟雨任平生。"苏轼还在赤壁啸月，也成为后世佳话。

在东京应该有狗叫声，养狗大多是为了看家护院，但是《清明上河图》中却没有一只狗。在仇英本《清明上河图》（辽博本）、清院本《清明上河图》中却都有狗出现。为什么张择端的《清明上河图》里没有狗？北宋并没有禁止养狗的规定。宋人养狗已经很常见，为什么图中不见一只狗？在宋徽宗时期反倒是通过了一条禁止杀狗的规定。有个叫范致虚的人上书宋徽宗，大意是说，京城有一家以杀狗为业，皇上您是属狗的，应该禁止。宋徽宗认为很好，就批准了，而且奖励范致虚2000贯钱。不想这一举措却引起朝野热议，有人说神宗皇帝属鼠，也没有见禁止养猫啊。这件事最后便不了了之。难道是因为宋徽宗属狗，张择端就没有画狗？

孟元老《东京梦华录》中也没有一个"狗"字，但有两处"犬"字。其中一处是说大相国寺有卖狗猫等的地方，"相国寺每月五次开放万姓交易，大三门上皆是飞禽猫犬之类，珍禽奇兽，无所不有"。还有一处是说有专门卖狗饲料的店。但其实宋代绘画中是有狗的，如李迪的《猎犬图》，佚名画家画有《秋庭乳犬图》《秋葵犬蝶图》等，所以说因避讳宋徽宗而不画狗的推论并没有得到印证。

3. 歌叫声

城市中还有很多叫卖声。在图中有很多的摊贩，无论是边走边卖的货郎，还是有固定摊位的小贩，他们都要不时地发出叫卖声，以便吸引顾客。回荡在街巷中的叫卖声此起彼伏，构成城市交响曲。根据宋代笔记记载，东京汴梁有大量的移动摊贩，他们为吸引人发明了很多叫卖方法，种类十分丰富，而且还具有艺

卖花木的摊贩

术性。当时人们称之为吟叫、歌叫。宋徽宗的《宫词》中有"帘底红妆方笑语，通衢争听卖花声"，想来东京卖花人的叫卖声让他记忆深刻。吴自牧的《梦粱录》、孟元老的《东京梦华录》中都有很多关于叫卖声的语句。

叫卖是人们生活中的常见现象，凡有贩卖，必有叫卖声，否则不能引起人们的注意，生意就不好做。它也一直留在人们的记忆里，让人回想起一幅自然经济的诗意画面。叫卖声也被称为吆喝声，是一种动态的有声广告。广告就要追求效果，就是要吸引人，古时人们发挥自己的聪明才智，发明了各种叫卖方式。《韩非子》中那个"自相矛盾"的故事，就是说，一个卖武器的小贩，为了吸引人购买，极力夸赞自己的矛能够刺穿任何盾牌，又极力夸赞自己的盾，说任何矛都无法刺穿自己的盾，叫卖声自相矛盾。他的这些夸词，就是典型的叫卖声。商人们为吸引顾客，也会夸大其词地宣传。

货郎更需要叫卖。《梦粱录》中记载："沿门唱卖声，满街不绝。"《都城纪胜·食店》中记载："夜间顶盘者，如遍路歌叫，都人固自为常，

盘卖小贩

若远僻土之人乍见之，则以为稀遇。"宋代高承所著的《事物纪原》中提道："京师凡卖一物，必有声韵，其吟哦俱不同。"京师卖物千万种，各种叫卖声此起彼伏，回荡在城市的街巷间，这是一种慢节奏的旋律，也是一个城市的大合唱。

那些美妙的叫卖声还被艺术家模仿传播。《东京梦华录·京瓦伎艺》记载，东京有一位文八娘，专门模仿市井叫卖声，并编成"叫果子"。所谓叫果子，就是模仿水果贩子的吆喝声。（虞云国《水浒寻宋》，上海人民出版社，2020年5月版，249页）周密

的《武林旧事》中记载，有一个专事吟叫的集社——律华社。该书还记载了著名的吟叫艺人，如姜阿德、钟胜、吴百四、潘善寿、苏阿黑、余庆等人。（梁志宾《风雅宋——宋朝生活图志》，中国财政经济出版社，2014年9月版，79—80页）我们现在也有关于叫卖的相声，如付强、李增瑞的相声《新旧叫卖》，还有郭德纲的相声《学叫卖》，都将叫卖声模仿得惟妙惟肖。这些叫卖声不仅老百姓喜欢，连皇帝也喜欢。有一年正月，宋孝宗专门陪着太上皇宋高宗到市场上，命人在

南宋 李嵩《货郎图》中的货郎鼓 故宫博物院

御驾前堆垛万贯现钱，让那些卖年货的人到御驾前歌叫，并给予重赏。不仅如此，南宋晚期有一年元宵节，临安知府还选拔长得俊俏的、叫卖声优美的小贩进宫为后妃们表演，赏赐特别丰厚。（虞云国《水浒寻宋》，上海人民出版社，2020年5月版，251页）

这种情况不禁让我想起京剧的唱腔，一个尾音可以九曲八转。《逍遥津》的名段，父子们在宫院伤心落泪，拖腔1分多钟。这种拖腔或高亢，或低回，或婉转起伏，其声音之美是难以用语言描述的。老戏迷们去听京剧，很多故事都听了很多遍，虽然已经耳熟能详了，但还要去听，听的是音调、音

色，听到痛快处，高声叫好，听到不尽如人意处，满脸遗憾，甚至喝倒彩，这里面的妙处是极为神奇的。好的叫卖声不亚于京剧名角的演唱，所以才会有艺人模仿叫卖声，把它变成一门艺术。

移动小贩不仅不断叫卖，有的还有专门的响器，比如货郎鼓、串铃（江湖郎中使用）、锣、吹角、梆子、连铁（铁拍板、惊闺）、响板等。吹角有牛角、海螺等。单就货郎鼓，也是样式多样，大小不同。宋真宗的刘皇后刘娥是益州华阳人，出身寒微的她是一个孤女，后来嫁给银匠龚美。龚美走街串巷为人打造银器，刘娥就为他摇货郎鼓。后来，龚美因为经济困难将刘娥卖给当时还是襄王的宋真宗，刘娥当时才15岁，很受宋真宗喜欢，后来因宋太宗反对，被迫离开襄王府。宋真宗即位后，迎回宫内被封为皇后。刘娥很聪明，通晓史书，很有政治才干，垂帘听政11年后才还政宋仁宗。后来戏剧中狸猫换太子的主角就是刘皇后。

移动卖茶人和盘卖之人

这些响器往往分属不同的行业，各地习俗不一样，有的地方卖豆腐的敲梆子，卖馒头的吹海螺，卖百货的敲锡锣。我的老家大名县卖豆腐的仅仅是高声长腔："干豆腐嘞——"不配响器。因为豆腐水量大，所以强调自己的豆腐干。耍把戏卖艺的爱用一面大铜锣。货郎有的用一面小铜锣，有的用货郎鼓。《清明上河图》中孙羊正店边上的十字路口有一个提瓶（下面有炉子）卖茶人，手里拿着响板。他边走边打响板，配合着叫卖声，告诉路人卖茶的人来了，可以喝一碗。

图中还有好几位顶盘卖东西的人，宋代称他们为盘卖之人，他们一般都是边走边叫卖，一旦寻得合适的地点，就就地支起架子，将木盘子放在上面，就开始卖了。

这些货郎大多是小本生意，一副担子就是一家人的生活来源，需要每天走街串巷，沿街叫卖，其中的辛苦也是不言自明的。他们天天叫卖，自然会摸索出一套叫卖的技巧来，知道如何吸引人，这样同业相传、世代相传，成为一种生存技能。麦子黄熟的季节，甜杏就成熟了，一些卖杏的人挑着担子、推着车子，"甜杏——水白杏——好吃不贵"等叫卖声开始回响在街巷中。卖杏人还会特意放一些杏叶点缀其中，金黄的杏子和翠绿的杏叶黄绿相映，确实诱人。春节大年初五过后，卖灯笼的就来了，他们往往用车子驮着巨大的荆条筐，里面装着灯笼，"灯笼——"叫卖声开始出现。这些灯笼上画着各种图案，花花绿绿，吸引小朋友拽着父母前去购买。灯笼骨架大多用高粱秸秆、竹篾编成，用绵纸糊面。上面有灯谜、奇珍异兽等。在没有电灯的时代，一盏盏灯笼在大街上"游动"，远远看去，往往只看见灯笼，看不见打灯笼的人，确如郭沫若的诗歌《天上的街市》描绘的情景一般，富有诗意和美感。

当然，叫卖声并不仅是美妙的，对于叫卖者来讲，是十分辛苦的。南宋诗人范成大听到夜晚算卦人的叫卖声，十分同情他们的辛苦，作出《夜坐有感》这样的诗："静夜家家闭户眠，满城风雨骤寒天。号呼卖卜谁家子，想欠明朝籴米钱。"在风雨交加的寒夜里，家家户户的人都闭门入睡了，有人还在叫卖算卦，一定是还没有挣够明天买米的钱啊！

叫卖声是一种声音的记忆。现在的城市里基本上听不到叫卖声了，只有汽车的噪声。虽然传统叫卖声在部分农村还有遗存，但是有艺术性的叫卖声已经很少，大多失传了。现在的商贩大多使用扩音器，修理油烟机、换纱窗、收旧家电的人事先录制好单调的"修油烟机""换纱窗""收旧家电"等声音，循环播放，干巴巴的，没有任何韵味。

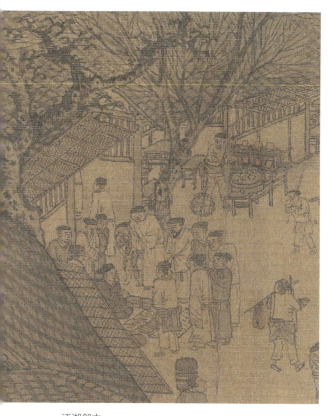

江湖郎中

旧时的叫卖声陪伴着人们入睡，陪伴着人们苏醒。梁实秋在自传中回忆，他在老北京的院子里一听到叫卖声，就出来买东西吃，有一种很美的感觉。张恨水在《市声拾趣》中说："我也走过不少的南北码头，所听到的小贩吆喝声，没有任何一地能赛过北平的。"（黄开发《北京渐远的叫卖声》）

图中在修车铺对面有一个江湖郎中正在兜售自己的货品，周围围了一圈人，江湖郎中都是巧舌如簧的人，说话都是一套一套的，甚至合辙押韵，诱使人购买。

4. 夜市、瓦子的喧闹声

东京有好几个夜市，较为有名的有州桥夜市，出朱雀门，直至龙津桥，主要是各色美食摊；还有马行街夜市，比州桥夜市更胜百倍，"车马阗拥，不可驻足"。（《东京梦华录》）

东京有很多瓦子（城市中的综合游乐场所），每家瓦子都有很多说书场、杂技场、食摊等。潘楼街离宫城东南角楼不远，《东京梦华录》记载："街南桑家瓦子，近北则中瓦，次里瓦，其中大小勾栏50余座，中瓦子莲花棚、牡丹棚，里瓦子夜叉棚、象棚最大，可容数千人。自丁先现、王团子、张七圣辈，后来可有人于此作场。"这是皇城边上的市民娱乐中心。旧曹门外，还有朱家桥瓦子。保康门附近有保康门瓦子。此外，还有州西瓦子、州北瓦子。这些地方都人声鼎沸。御街两侧的廊子里也有很多摆摊、卖艺之人，也是人声鼎沸的地方。

《清明上河图》中孙羊正店邻近十字街一角就有一说书摊，是路边临时性的摊位，有一位大胡子说书人正在说书，周围围了一圈人，男男女女，还有僧人、道士、儒生，也有很多底层劳动者。说书人以说唱为主，还有简单的乐器伴奏，二胡、三弦、快板等，其声音的响度高于一般路人。

孙羊正店边上的说书摊

被吓得惊叫的乘客

5. 声音的高潮处：虹桥

虹桥处于画面的正中心，这是张择端刻意设计的，冲突和高潮安排在这里也是恰如其分的。

画中桥下大船正在失去控制，在河中间打横，船上的人十分紧张，有人正因此在大喊大叫。两岸的人也大喊大叫，桥上的人也在大声支招儿，有人甚至跨到栏杆外指挥。大船尾部马上撞上了一条停泊的船只，吓得一名乘客大声喊叫。

　　桥上还有武官与文官争道，喝道人员在争吵。桥头还有小贩的叫卖声，虹桥上的一个小贩的叫卖声吸引了挑担的，骑驴的也被吆喝声吸引，扭过头去。

　　虹桥是全图人口密度最大的地方，比孙羊正店十字街人口密度都高，几乎摩肩接踵，是真真正正的交通要道。当然，虹桥也是画面中声音最高潮的部分，用"人声鼎沸"一词来形容再恰当不过。

虹桥人声鼎沸

6. 饭店的声音

　　《清明上河图》中有很多酒店、茶馆，一般也都是热闹之处。孙羊正店一层大厅、二层雅间都坐满了客人，客人的谈话声、喝酒划拳声、呼叫店小二的声音、小二的应和声，此起彼伏，好似一支交响曲。孙羊正店的现实模板是东京的樊楼，在这里喝酒吃饭的人常常多达千人，一定是人声鼎沸的。

孙羊正店热闹景象

有一次，一个浙江的富人，叫沈偕，携着自己的情人——当红的名妓蔡奴来樊楼就餐，大声宣布："在座的所有食客，尽情喝酒、吃饭，所有花费都由我来支付。"根据记载，这些饭店、茶楼、酒馆还有管弦声，为客人们喝酒、吃饭助兴。《东京梦华录》中有"按管调弦于茶坊酒肆"。《水浒传》虽是小说，部分故事在南宋末年已经出现了，书中说到宋江等四人从李师师家出来，从樊楼前经过，"听得楼上笙簧聒耳，鼓乐喧天"。其他酒店也一样，在"智取大名府"一回中说到北京大名府的翠云楼"楼上楼下有百十处阁子，终朝鼓乐喧天，每日笙歌聒耳"，这里的"阁子"就是酒店雅间。

在东京这样的城市里，生活着大量的皇族和富家大户，他们往往在家里举办夜宴，大多有管弦歌舞伴奏，日夜歌舞不绝，歌唱的声音传遍四邻。《东京梦华录》记载："箫鼓喧空，几家夜宴。"我们在《清明上河图》中虽然没有见到这样的场景，但是《韩熙载夜宴图》却如实记载了这样的场景。

7. 喝道声

古代富贵人家骑马出行时前后都有人伺候，最前面的人负责开道，大声喊叫，提醒路人躲避。中间有专人牵马，后面有人挑行李。在护城河桥外的十字路口，有一位骑马的贵人通过，前面的喝道人员正在张开双臂呼叫着，让路人躲避。一位持扇的人和一位挑夫听到声音后正在注视，挑夫开始躲避。后面一人负责牵马，最后一人挑着行李。这是古代富贵人家骑马出行的标配。

骑马的贵人

8. 号子和船歌

号子是古代劳动人民为协调力量而发出的一种有节奏的喊声，有运输号子、船渔号子、工程号子、农事号子等。画中船只很多，大多停靠在码头，其中有两只大船正在逆流行进，前面有两个拉纤的队伍，都是五个纤夫。纤夫拉纤是要喊号子的，这些号子有独特的韵律，以便协调纤夫们的脚步。住在运河边上的人家，天天都能听到纤夫的号子声，运河的河道里回荡着此起彼伏的号子声。纤夫的号子声回响了一千多年，除了协调步伐外，还是一种倾诉、一种娱乐，单调疲劳的工作通过喊号子可以得到一些缓解。

运河里的号子，除了纤夫号子，还包括起锚号、闯滩号、跑篷号、立桅号、出仓号、摇橹号等。河南船工有句谚语："船工不行哑巴船。"拔锚有"起锚号"，拉篷升起有"搭篷号""扬蛮号"，撑篙有"铁脚号"，船掉头有"带冲号"，等等。拉纤号早晚不同，各地的号子名称不同，腔调不同，唱词也不同。（山曼《流动的传统：一条大河的文化印迹》，浙江人民出版社，1999年8月版，95—96页）千里大运河，号子声昼夜不息。号子声是一种文化，也是一种美。进入机动螺旋桨时代，船只动力不再依靠拉纤，纤夫的号子声也几近绝迹了，现在甚至已经成为非物质文化遗产。

这些号子带有独特的韵律，由纤夫们自己创造，是运河民歌的重要组成部分。

除了号子以外，还有船歌。水乡的很多民歌都是船歌。大运河里也有很多船歌。据一位民俗学家说，凡是有船的地方都有船歌，例如现在我们都知道的《乌苏里船歌》。人们撑船、摇船之时通过唱船歌抒发感情、排解烦恼，著名的湖南民歌《浏阳河》也是船歌的代表。近代著名学者刘半农先生致力于收集整理中国近代歌谣、民歌、俗曲，《江阴船歌》就是其中之一。

9. 汴河送别声

《清明上河图》中有很多柳树，隋堤烟柳是东京八景之一。折柳送别的习惯流传已久，人们在这里是为朋友送别，期望他们像柳树一样生命力旺

汴河边送别

盛。北宋时期人们送别大多是在汴河边，尤其是往南方走的人大都走汴河。人们在河边酒店里为朋友举行送别宴，宴席上还伴有送别的音乐声，大家不免吟诗、填词送别，这些都是送别的声音。此外，还要把朋友送上船，依依惜别。左图中在河边一棵大柳树下两个人正在告别，都在行插手礼。这是五代至宋代常有的礼节。

柳永的《雨霖铃·寒蝉凄切》就描写了运河边送别的情形：

寒蝉凄切，对长亭晚，骤雨初歇。都门帐饮无绪，留恋处，兰舟催发。执手相看泪眼，竟无语凝噎。念去去，千里烟波，暮霭沉沉楚天阔。

多情自古伤离别，更那堪，冷落清秋节！今宵酒醒何处？杨柳岸，晓风残月。此去经年，应是良辰好景虚设。便纵有千种风情，更与何人说？

"帐饮"显然是喝送别的酒。"兰舟催发"是说船上的人不断地催着他登船出发，但是他留恋岸上的送别人。望着千里汴河、岸边的杨柳，愁绪满满。

周邦彦的《兰陵王》也描绘了汴河边送别的情形：

柳阴直，烟里丝丝弄碧。隋堤上、曾见几番，拂水飘绵送行色。登临望故国。谁识京华倦客？长亭路，年去岁来，应折柔条过千尺。

闲寻旧踪迹，又酒趁哀弦，灯照离席。梨花榆火催寒食。愁一箭风快，半篙波暖，回头迢递便数驿，望人在天北。

周邦彦是钱塘人，钱塘就是今天的浙江杭州。他是宋神宗时期的太学生，来往京城都应该是坐船的。在这首词里，他首先描绘了汴河边上的柳树——"丝丝弄碧"。这个"碧"字太恰当了。他在寒食节前到汴河边为朋友送行，此时柳树已经发芽，透露出一种鲜艳的碧绿色。"拂水飘绵"是说柳絮飘飞，有些落到水面上。看到南去的行客，自己感叹：有谁了解自己对故乡的思念啊！多次给别人送行，自己在东京已成"京华倦客"，早想南归故乡了。这里涉及折柳送别的习俗，说自己经常为朋友送行，折过的柳条不止有千尺长了（"应折柔条过千尺"）。送别的宴席上有"哀弦"伴奏，想来北宋汴河边的酒店里这样的场景是不少的。东京100多万人口，人员来来往往，送别的人一定很多。他们的吟诵送别诗词声、音乐伴奏声、道别声一定是此起彼伏的。

一般的人可能仅仅是在小饭店里与朋友喝上几杯送别酒，有身份的人可能要到十千脚店这样的大酒店里举办临别宴席。《清明上河图》中沿河的两条大街上有数不清的酒店、茶馆，都是理想的送别场所。十千脚店二楼雅间的两场宴席，说不定就是送别宴。其中一个客人把胳膊搭在临窗的

十千脚店二楼的送别宴

栏杆上，一副闷闷不乐的样子。坐他对面的客人把行囊放在栏杆上，这就更像是一场送别宴了。桌子上杯盘满满，还有酒壶等。桌上圆形的红红的东西似乎是鲜花。虹桥下正有一艘大船停泊，也许就是客人要乘坐的船。

现在我们出门常坐高铁、飞机，给朋友举办送别宴的情况逐渐少了，除非到外地工作、生活。当下，一般出行几百公里、几千公里甚至上万公里都不再举行送别仪式了，原因是交通工具比较先进，而且通信比较发达，想见面非常容易。古人乘坐的交通工具，如车、船等速度都很慢，有的行程要走几个月，十分漫长，朋友一别很长时间才能再见面，所以柳永才说"多情自古伤离别"。想想苏轼到杭州上任，一路走了5个月才到。

10. 铃声

不管在古代，还是在现代，驴队、驴车、驼队、牛车都会有铃铛。铃铛一般用黄铜制作，也有铁制的，但声音不如铜铃铛好听。这些铃铛挂在牲口的脖子上，随着牲口移动的步伐而晃动，从而发出响声，尤其是晚上，声音传得更远。孟元老的《东京梦华录》记载，太平车"中间悬一铁铃，行即有声，使远来者车相避"。安史之乱期间，唐玄宗于四川避难，行走在栈道上，阴雨连绵，听到铃声，想起杨贵妃，写成《雨霖铃》曲。这首曲中所写的铃声应该是马、驴、骡子等牲口脖子上的铃铛发出的声音。古代的驿马、驿车上都挂有铃铛，尤其是驿递，前面驿站听到驿马铃铛的声音，就会马上准备驿马和驿递人员。

有的铃铛是串铃，即将十几个小铃铛固定在皮带或结实的布带上，然后挂在牲口的脖子上；有的是单独的一个铃铛。我小时候见到的大多是单独的一个铃铛。

图中城门处一支驼队正在通过，骆驼也会戴铃铛。

11. 其他声音

图中还有很多声音，比如：在税务所门前，有一位货主正在与税吏争辩；在税务官面前，一位税吏正在汇报工作；修车铺中锤子的敲击声、刨子推平木板发出的声音；锯子发出的声音；等等。除了汽车的声音、电器等现代设备发出的声音以外，你在现代能听到的声音，在《清明上河图》里几乎都有所体现，它虽然不能直接播放，但是凭借联想，这些声音都可以被"听到"。

收回心神，回到现代，千年以前的声音已飘远，将想象融入声音，我们对这幅图的理解就更加鲜活了，也更符合社会现实。增加声音这一维度，《清明上河图》就真的"活"起来了。

二、医疗一条街中的济世情怀

中医中药是中国珍贵的文化遗产，是世界医疗史上的奇迹。中华五千年的文明和中医中药有着重要的关联。中医传承几千年，没有中断过，具有连续性。中医的辨证施治、经脉学说都是中国智慧的体现。我国宋代医药技术已经达到了很高的水平，诞生了一大批名医，许多医疗专著也纷纷问世，连皇帝宋徽宗都写了一本《圣济经》。宋代医学分科更加细致，神宗时分为三科，分别是方脉、针、疡。元丰年间增为九科，分别是大方脉、风科、小方脉、眼科、疮肿兼折疡科、产科、口齿兼咽喉科、针兼灸科、金镞兼书禁科。

宋代的宫廷医院名为翰林医官院，主管全国医政，相当于现在的国家卫生健康委。宋仁宗宝元二年（1039）有医官99人，到宋徽宗宣和二年（1120）朝廷在京师医官1096人……北宋末期，京师医官及学生总数约为1396人。（程民生《宋代民众文化水平研究》，社会科学文献出版社，2022年8月版，65页）

宋代政府专门设立熟药局，所谓熟药主要是指炮制加工过的药材。熟药局成立于王安石变法时期，主要是向民间发卖各种熟药。熙宁九年（1076）成立太医局熟药所，熟药局与其他机构合并归太医局熟药所管辖。至宋徽宗崇宁二年（1103），熟药所扩大至五所，改由太府寺管辖，增设太府丞一人，专门管理各熟药所的事务。政和四年（1114），熟药所改名为"医药惠民局"。（杨春俏译注《东京梦华录》，中华书局，2020年7月版，86页）据程民生先生估计，北宋末年全国民间医生约为28500人，各级医官16340人，民间兽医6170人，合计51010人（程民生《宋代民众文化水平研究》，社会科学文献出版社，2022年8月版，197页），超过5万人，是一支庞大的医疗队伍。

图中由孙羊正店邻近十字街的说书摊向里，是一家医馆，悬挂着"杨大夫□□□""杨家应症□□"字样的牌子。水井边上赵太丞家也是一家医馆，门口有两块大牌子，写着"但愿世间人长寿，不惜架上药生尘"。这句广告非常具有人性化的色彩，看了让人感觉很温暖，表现出从医者的高尚人格。这可能也是传统中医的一种理念，宁愿自己家的药没人过问，落了很多尘土，也不愿意人们生病，期盼人们长寿。这是一种美好的期盼与高尚的情操。门外两块竖立的牌子上写着"治酒所伤真方集香丸，太医出丸医肠胃病"。这句广告语说明宋代酒类盛行，官方实行酒类专卖，每年酒税很多，政府变着法子鼓励酒类消费，因为喝酒伤胃的人很多，该医馆专门提供治疗饮酒伤胃的药。

关于赵太丞，很多人认为他是画家杜撰的人物，其实，历史上真有其人，据《宋史·列传第二百二十·方技上》和山东平原县志记载，北宋确实有一个御医名叫赵自化，其兄弟也都是御医。赵自化是山东德州平原人，曾经服侍宋太宗、宋真宗。他的医学专著《四时养颐录》深得宋真宗赞赏，宋真宗还为此书作序，但改名为《调膳摄生图》，并下令出版发行。（齐榕《宋朝御医赵自化》，刊于《德州晚报》2016年12月8日）由此可以看出，张择端在《清明上河图》上绘制的内容大多都是有依据的，值得深度挖掘。

太丞也叫太医丞，隶属于太医局，是皇家御用医生。宋神宗熙宁四年（1071）四月二十三日开始设置太医丞职位。

中医靠经验，医生越是上了年纪越受推崇，这些皇家医师都是经过精挑细选在全国选拔出来的，经验丰富，医术高明，他们退休后还有余力开设医馆，的确能够赢得人们的信任。你想，谁不想让皇家医馆的专家给自己治病呢？

按照《东京梦华录》记载，东京城中马行街药铺、医馆最多，是一条医疗专业街，著名的药铺有杜金钩家、曹家、独胜元、山水李家，它们主要卖口齿咽喉药。蔡條在《铁围山丛谈》卷四中记载："马行街南北几十里，夹道药肆、盖多国医，咸巨富。"东京汴梁的医馆很多是专科医馆，比如有好几家专门的儿科医馆，还有专门的妇科医馆，如大鞋任家。经营医馆和药铺利润稳定，所以很多人成为巨富。

有些药铺为了吸引客人想出各种办法，比如东京乐游坊有一家姓李的卖药人，把一只活老虎锁在药铺门口，以此招揽客人，可谓奇招。高益是辽朝人，太祖时从涿郡迁到东京，开始以卖药为生，他把自己画的鬼神犬马随药赠给客人，得到的人都十分惊异，他的药销售很广，他的画也传遍四方。（周宝珠《宋代东京研究》，河南大学出版社，1992年4月版，268页）后来高益由孙四皓推荐进入御前画院，成为待招，还曾为大相国寺画壁画，画有《鬼神搜山图》《钟馗击厉鬼图》。高益因此成为北宋非常有名的画家。

《水浒传》中的安道全是一位神医，在水浒英雄中排名第56位，专门为梁山好汉治病疗疾。南征方腊时，安道全被调入宫中，成为金紫医官，专门为宋徽宗服务，可以说一步登天。安道全还有一个绝活，就是可以去掉人脸上的金印，这种金印是宋代对犯人的一种羞辱，就是在脸上刺的字。但是，梁山英雄中似乎只有宋江去掉了金印，其他人都没有做这个手术。

大相国寺东街附近有个宋家生药铺，这家药铺十分奢侈，药铺的墙壁上都是大画家李成画的山水画，"铺中两壁，皆李成所画山水"，可见此药铺舍得花钱来装点铺面。能请来李成，证明老板交往甚广。李成是北宋山

赵太丞家（药铺）

保证24小时售药。白天一般问题不大，关键在于晚上，要求他们必须保证随时卖药。违者杖一百，这一百杖打下去，不死也差不多了。这是世界上最早的关于24小时售药的官方规定，说明宋代政府对民生的关注。

1. 医药专著频出

经过汉唐以来的医疗资源的积累，宋代医疗技术有了很大的发展，诞生了一批医药专著。据四川大学宋史研究专家张邦炜先生统计，宋代共有93部医书传世。（张邦炜、余贵林《宋代伎术官研究》，刊于《大

水画大师级人物，和范宽齐名。据说李成喜欢饮酒，药铺老板经常邀请李成来药铺饮酒，酒至酣处，李成就在墙壁上作画。

宋代政府规定，药铺要24小时售药，否则属于违法，要打一百杖。清代徐松辑《宋会要辑稿·职官》记载朝廷规定："熟药所、和剂局监专公吏轮流宿直，遇夜民间缓急赎药，不即出卖，从杖一百科罪。" 熟药所、和剂局都是官方的药铺，必须

杨家应症

陆杂志》1991年第1、2期。）比如《太平圣惠方》，共100卷，是宋太宗下令编撰的，主编是翰林医官王怀隐，汇聚了16834个药方，仅宋太宗自己就收集到了上千个药方。

《圣济总录》，简称《圣济经》，署名宋徽宗，共200卷，包括内、外、妇、儿、针灸、养生等66门，共收药方20000余个，理论和实践相结合，分类更加合理。这本书已经把书版刻好，还未来得及印刷，北宋就灭亡了。

苏轼不仅是一位大文学家、政治家，还是一位医学家。他平时非常注意收集各种药方，《苏学士方》一书汇集了他收集的医方和药方。苏轼在黄州期间，曾收集到一个药方《圣散子》，药方主人巢谷是他的老乡，是他苦苦哀求，巢谷才把方子给他，但要他一定保密，不要外传，他答

元　赵孟頫《前后赤壁赋》卷首苏轼像

应了。可是，元祐五年（1090）苏轼在杭州做知州，杭州闹瘟疫，他就没有遵守诺言，而是把这方子献了出来，命令下属按方煎药，免费发放给百姓，救人无数。他虽然违背了诺言，却以救济苍生黎民为本位，这样的做法值得称赞。

大科学家沈括也是一个医学家，他编有《沈氏良方》一书。北宋末年，一个不知名的人将苏轼的《苏学士方》与《沈氏良方》合在一起编成的一本书，就是《苏沈良方》，共15卷，是著名的医学典籍，现存有明嘉靖刊本。

北宋宰相苏颂是一个百科全书式的人物，他制作的水运仪象台是世界最早的钟表，其中的擒纵装置是现代钟表制造的基础技术。他同时还是一位药物学家，编有《图经本草》。这也是一部官修药书，苏颂申请在全国进行药物普查，要各地进献药物绘图和说明。在此以前他曾经参与编写《嘉祐补注神农本草》，吸收唐代的《新修本草》与本朝《开宝本草》精华，又有很大拓展。在此基础上，他经过多年调研摸索，整理全国各地报送的资料，编成《图经本草》。这部书对各种药物的描写具体而准确，纠正了历史上很多药物著作的错误。该书是中国也是世界上第一部带有插图的药物学著作。

初虞世，原是宋代朝廷医官，后来辞官归隐，钻研医学典籍《素问》《难经》，收集历代医案，并亲自试验，最后编成《古今录验养生必用方》，也被称为《养生必用方》《初虞世方》。他曾经在元符年间（1098—1100）为宋哲宗的皇子邓王治疗癫痫，得到宋哲宗的赏赐。

南宋名医施发，著有《察病指南》，主要讲述如何诊脉。他创造性地将脉搏跳动绘制成33幅脉象示意图，十分形象，便于学习。他是世界医疗史上第一个绘制脉象图的人，贡献巨大。

杨子建的《十产论》、陈自明的《妇人大全良方》都是妇科专著，对妇科的建立贡献巨大。

刘昉的《幼幼新书》是一本集大成的儿科巨著，共40卷，为儿科诊断提供了重要依据。

钱乙的《小儿药证直诀》，是中国第一部儿科专著，十分精到地阐述了儿童五脏六腑的相关理论，是儿科理论的奠基之作，至今仍是中医儿科经典著作。钱乙使儿科成为中医的一个独立学科，他是中国中医史上第一位儿科专家，后世称为"儿科之圣"。

《洗冤录》原名《洗冤集录》，是中国最早的法医学著作，也是世界上第一部法医学专著，比1598年意大利费德罗著的《医生的报告》早了300多年。作者宋慈，被尊为中国法医始祖。他是一名南宋官员，主审很多案件，积累了丰富的断案经验。此书5卷，共分53个专题，对于尸检、验骨、验伤、中毒、自杀、他杀等都有独到的论述，成为后世断案经典，被沿用了600多年。中国邮政2016年专门发行了宋慈专题邮票，标题为"世界法医学奠基人——宋慈"。宋慈的故事还被改编成电视剧《洗冤录》，还有一部电视剧《大宋提刑官》也是根据宋慈的故事改编的。

《养老奉亲书》，是宋代的陈直撰写的，共1卷，2籍，上籍16篇，下籍13篇，主要讲述老人食治之方、医药之法和摄养之道。

《经史证类备急本草》，简称《证类本草》，又名《大观本草》，宋代唐慎微著，共31卷，收集药物1746种（一作1400余种），是宋代医学集大成者，也是对前代医学的总结。

宋代还有《史载之方》《普济本事方》《历代名医蒙求》《针灸资生经》《外科精要》《济生方》等著作。这里面既有对前代医学成果的集成，又有宋代人的很多发明创新，整体将中医的发展推向高峰。

2. 针灸铜人

宋代在医学发展方面有一项重要的创造，就是铸造针灸铜人，这是我国针灸穴位的重要标准，也是一种伟大的实践教学用具。经脉、穴位学说是中国人的伟大创造，早在《黄帝内经》中已经有了经络学说。但是，穴位的具体位置经常出错，缺乏标准。宋仁宗天圣初年，仁宗命太医院医官王惟一制作两具针灸铜人，一具放在医官院，一具放在大相国寺。这两具铜人都是真人大小，上面有354个穴位，上面有针孔，体内注水，学徒隔着衣服行针，如果行针正确，里面用黄蜡封存的水（有的版本说是水银）就会流出来，否则就插不进去。铜人体内有五脏六腑和骨架，都用木头做成。铜人可以拆卸，是很好的教学工具。这是我国古代官方第一次铸造针灸铜人，被称为"天圣铜人"。针灸铜人是我国古代医学的伟大创造，也是对世界医学的重要贡献。王惟一还编写了《新铸铜人腧穴针灸图经》，也是针灸经典。为了方便传播，王惟一还把图经雕版印刷，并且刻石。刻石就是《天圣针经碑》，后来被金朝运至北京，1965年其残石五块在北京古城墙中被发现。

经过学者们研究，针灸铜人不是王惟一首创，其在五代时期就已经有了。考古发现，汉代已经有了针灸陶人，1982年河南南阳医圣祠里出土了一具女性陶俑，上有数十个小孔，被专家确定为针灸陶人。1993年四川绵阳双包山二号西汉墓出土一具绘有经脉的漆雕人体，人体表面绘有19道红线，这可能是最早的经脉人体模型。王惟一铸造的两具铜人其中的一具已经失传，另一具作为宋金议和条件之一被金朝带走。元代运回大都（今北京），放在太医院。1260年，元世祖忽必烈命尼泊尔工匠阿尼哥加以修复。至明代，针灸铜人经脉、穴位漫漶不清，已经无法起到教学和研究的作用。明英宗正统年间又制作了正统铜人（现存于俄罗斯艾尔米塔什博物馆），明嘉靖皇帝也命人制作了一具针灸铜人，现存于故宫博物院。清代乾隆皇帝命人制作了一批小型针灸铜人，现在上海中医药博物馆藏有一具。光绪年间又制作了光绪铜人。2017年1月18日，国家主席习近平向世界卫生组织赠送针灸铜人。

3. 宋代伊始的慈善机构——安济坊

一般认为慈善制度是现代社会的标志之一，也是文明社会的标志之一。在古代社会慈善大多是富人的个人行为，不具有普遍性。另一种慈善是宗教组织所为，世界上大多数宗教都提倡慈善。在我国古代，历代政府都有临时救济措施，比如遇到重大水旱灾害，政府都会组织救济，但是从制度上建立慈善机制是宋代首创。宋代政府通过颁布政策，使政府慈善常规化、制度化。宋代医疗慈善的代表就是设立官药局，用远远低于市场的价格向病人售药；另外还设立安济坊，为看不起病的穷人提供医疗服务。

法国汉学家谢和耐在他的历史著作中，提到南宋时代杭州的官立药局，由于官府的补贴，那些药局的药价只有市价的三分之一。他还提到过朝廷经营的安济坊，"贫困、老迈和残疾者均可在那里免费得到医疗"。但他没有提及安济坊的创始人正是苏东坡。

安济坊由苏东坡创立，他在任杭州知州时建立，最初叫安乐坊，位于现在杭州惠民路。苏东坡拨款两千贯，自己又捐出五十两黄金，建立了这家医坊，请懂得医道的僧人担任医生，用他们的医术来普度众生。他还设立了奖励制度，对于三年内治愈千人以上的僧医，官府将奏请朝廷赐给紫衣，以资奖励。这是一份厚奖，因为紫衣是僧官才有资格穿的衣服。安乐坊不仅平时开业看病，收留贫困病人，还向公众免费发放圣散子（根据治疗瘟疫的秘方圣散子配制的药品）。后来这所医坊搬迁到西湖边上，改名为"安济坊"。（祝勇《在故宫寻找苏东坡》，湖南美术出版社，2017年6月版，268页）从苏东坡捐出五十两黄金，我们也可以从侧面知道宋代官员俸禄确实很高，不然怎能出得起五十两黄金？

4.《坐虎针龙图》与虎撑子

过去，每个行业都有自己的行业神，俗名祖师爷。很多地方的医生供奉吕洞宾，把他认作祖师爷。也有的地方供奉药王孙思邈。在仇英本的《清明上河图》中有一家医馆，墙上挂着三幅画，最左边是一女人抱着孩子，说明这一家是儿科诊所。中间一幅画上一人骑着黑色动物飞奔，还扛着一面旗帜。据中央美院黄小峰先

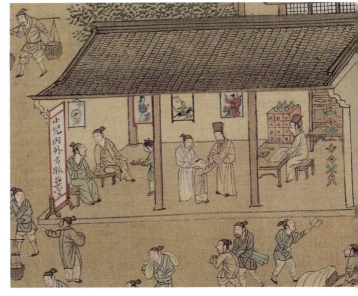

明　仇英《清明上河图》中的儿科诊所　辽宁省博物馆

清 佚名《坐虎针龙图》 中国医史博物馆

生的观点，这个黑色动物是一只名叫"乌龙"的狗，它是唐代除孙思邈以外的另一位药王韦善俊的宠物。后来这条黑狗真的变成了一条龙，韦善俊骑着它升仙去了。最右边一幅，画的是红衣人两臂上举，边上有一只老虎，这个人应该是孙思邈。孙思邈是唐代名医，被后世尊称为"药王"，传世作品有《备急千金要方》和《千金翼方》两部医书，都是30卷。这两部专著记载了800多种药物和5300多个处方，两书合称为《千金方》，是中医重要文献。

　　传统民俗认为孙思邈是骑着老虎的，这幅图被称为《坐虎诊龙图》。图中孙思邈骑在老虎背上，给云端伸出的龙爪把脉。故事的来源是这样的，传说有一次孙思邈在行医路上遇到一只老虎，孙思邈说："你为什么要挡住我的去路？如果要吃我，就张三下嘴，拍三下爪；如果要我替你治病，就合上嘴巴，闭上眼睛。"老虎听后合上了嘴巴，原来老虎是邀请孙思邈给它治病，它的喉咙里卡了一块骨头。孙思邈用随身携带的石环撑住老虎的嘴巴，为老虎取出了骨头，老虎示意孙思邈骑在自己的背上。于是，孙思邈骑着老虎走了很多路。天上的龙王正要去看病，看见孙思邈为老虎治好了病，于是就想让孙思邈也为他治病，于是天上乌云翻滚，遮天蔽日。孙思邈说："你为什么要挡住我的去路？如果要害我，你就猛刮狂风；如果要我诊病，你就现出原形！"于是，龙王从云端伸出一只爪子，孙思邈为他治好了病。后来，孙思邈的弟弟孙思远将这一场景画了下来，于是就有了《坐虎诊龙图》。（晨风《〈坐虎诊龙图〉的来历》，刊于《河南日报》农村版2010年3月18日第8版新生活·文娱）

关于这个故事，版本很多，唐代的《酉阳杂俎》和宋代的《太平广记》对"坐虎诊龙"的故事都有记载，有的说法是《坐虎针龙图》，而不是《坐虎诊龙图》。本来就是民间传说，版本不一是很正常的。关于《坐虎针龙图》的另一个版本是这样的：孙思邈经常骑驴游走四方为人治病，有一次他为一只老虎从喉咙里取出了骨头，但是，饿了好几天的老虎把孙思邈的驴子吃掉了，为了表示感激，老虎说："我吃了你的驴，以后你就骑着我吧。"有一次苍龙害眼病，变成人来请孙思邈为其治病，孙思邈知道他不是人，就说："你需要变回原形，我才能给你治病。"苍龙答应晚上变回原形前来治病。但是，孙思邈和苍龙的对话被孙思邈的徒弟听见了，准备了笔墨，准备把这一切画下来。晚上，苍龙投入水井变回原形，腾空而起，孙思邈让他的双眼重见光明。但是苍龙发现有人偷看，就喷出龙头剑将徒弟刺死了。所以龙没有被画完，见首不见尾。后世人才将龙的图形补充完整。

医馆里都愿意悬挂这幅画，意在提醒自己提高医术，像药王孙思邈一样，同时也在暗示自己的医术很高明。这个故事的荒诞不言而喻，但也说明了人们对医生孙思邈非常敬仰。

孙思邈撑开老虎嘴巴的石环最后演变成虎撑子，后世江湖郎中都用虎撑子（也叫串铃、报君知、虎衔等）作为召唤的工具。虎撑子就是一个圆形中空的铁质或铜质环状物，外侧开有一条缝，里面装有几颗金属圆珠，套在手

清代民俗画中的虎撑子

指上摇晃就会发出清脆的响声。有的表面铸有八卦图案等。

在古代，江湖郎中摇晃虎撑子是有规矩的。如果郎中将虎撑子放在胸前摇晃，那说明此郎中医术一般。如果把虎撑子放在与肩等高的位置摇晃，说明此郎中医术高明。如果高高扬起，高过头顶，那么就表明此郎中的医术已经相当高超了。但是，无论医术高低，在药店门口都不能摇晃虎撑子，因为药店里供奉孙思邈像，在药店门口摇晃虎撑子叫欺师灭祖。

中国中医科学院内有一个中国医史博物馆，馆里藏有一幅彩色的《坐虎针龙图》（见56页）。此外，中国医史博物馆还藏有一件清代制作的彩色描金木雕《坐虎针龙》，雕塑内容为孙思邈坐在老虎背上给龙王针灸。

5. 医生考试

医药关系到人的生命，历代政府都很重视。宋仁宗时期，翰林学士张方平建议举行医学考试，选拔医官，宋仁宗接受建议，从此成为制度。宋代医官需要考试，朝廷统一命题，三年一次，考试科目有方脉科、针科、疡科，试题具体包括"墨义""脉义""大义""论方""假令法""运气"等方面。八月开始考试，高中者参加京城省试。现在还有一些宋代医官考试的试题存世，如西苑出版社出版的《宋太医局诸科程文格注释》。考试参考经典主要有《素问》《难经》《诸病源候论》《眼科龙树论》《千金翼方》《脉经》《针灸三经》等。考试合格者授予医官。上述考试主要是为了选拔官方医生。这种

北宋 张择端（传）《全景清明上河图》局部 奥地利维也纳应用艺术博物馆

考试对提高朝廷医官管理、医学教育都有很大的帮助，间接推动了医学的发展。为了参加考试，很多从医人员需要反复学习医药经典。

宋仁宗时期开始设立太医局，从各地选拔医疗人员，进行教育。宋徽宗时期在太医局之外又设太医学堂，分为上舍、中舍、下舍，这是专门的国家级的最高医学教育机构。一部分参加医学考试的人员来自太医局和太医学堂。

但是，对于民间医生，还是以祖传为贵，民谚有"医不三世，不服其药"。医生也以祖传作为招牌进行宣传，奥地利维也纳博物馆藏《全景清明上河图》中有"祖传大方脉药"的牌子，特意强调了"祖传"的重要性。直到现在，一些老中医仍然把"祖传"作为一个宣传重点。

6. 医生出诊

坐馆（或坐堂）医生主要针对上门来的病人。有些病人没有办法来医馆，或者一些豪富之家有人病了，也不来医馆，医生就要出诊。按照清代江南的做法，如果要请医生上门，一般派遣仆人前往邀请，如果医生离病人家较近，医生会步行而来，不用派轿子来接。如果是请名医，要派人持请帖并带着银子二十钱（一两等于十钱）的纸包，到医生家门口挂号邀请。名医一般上午在家里给病人看病，下午外出。有些名医有自己的轿子。医生到来，家人要到厅堂来接，如果是初次请的医生，还要到大门外迎接。医生来到厅堂后，先问病情，主家介绍病人情况。医生会为病人把脉、看舌苔、看眼睛、看面色等。然后，回到厅堂，向主家介绍病情，并写医方，家人持药方到药铺抓药。一般名医都不带药箱。如果在农村，则需要带药箱，因为农村大多没有药铺。主家要在厅堂招待医生，一般以茶或糕点款待。谢礼在每日请医后送去。邀请名医，要先送谢仪，如果谢仪轻微，医生可能不来。有些人得了急病，或者主家希望医生尽快来诊，会雇一顶轿子去接，所有费用由主家承担，有时还要为轿夫安排饭食。（[日]中川忠英编著，方克、孙玄龄译《清俗纪闻》，中华书局，2006年9月版，201—202页）

7. 医生的济世情怀

宋代医生大多读书，具有济世情怀。所谓济世，就是救助世人，拯救世人于水火。据南宋吴曾《能改斋漫录·文正公愿为良医》记载，北宋名臣范仲淹小时候家贫，但是读书很刻苦。有一次到神祠祈祷，求问自己将来是不是能做宰相，签词显示不可以。他又祈祷，既然不能做宰相，是否可以做良医，签词显示仍然不可以。他感叹道："不能为百姓带来福祉，这不是大丈夫的平生之愿。"后来有人问他："大丈夫志愿做宰相，这个好理解，这是理所当然的；作为医生这个职业，你为什么要去做呢？你不感到很卑微吗？"范仲淹说："古人说：'圣人善于发现每一个人的长处，所以世上没有不可用的人，世上没有不可用的东西，每一件东西都有它的使用价值。'

大丈夫治学，当然是为了遇到一个明君，能够实现自己治世的理想；哪怕是一个没有被沐浴恩泽的普通百姓，也好像是自己把他推入沟中一样。要想实现普济万民这样的理想，当然是非宰相莫属了。既然做不了宰相，能救人救物的没有比良医更恰当的了。如果真能做一个良医，上可以为君王治病，下可以为贫民解除病痛之苦，中还可以使自己身体健康长寿。我觉得，能够兼顾君王和百姓者的，除了良医，没有更合适的了。"应该说，在北宋医生还是一个技术行业，其社会地位并不高，范仲淹能够有这样的认识确实很有见地。

但是，有的学者发现，这是一条孤证，这个故事在范仲淹的著述及后辈撰写的年谱和传记资料中都没有出现。而且吴曾这条记述的时间距离范仲淹去世已经过了百年。按照史学界孤证不立的原则，这则史料还有待于其他材料的佐证。

即使这是一条真实记录，范仲淹本人也并没有说"不为良相，即为良医"。这句话是后人提炼出来的，它有不同的说法，比如"不为良相，愿为良医""不为良相，必为良医""达则为贤相，穷则为良医"等。不论这句话是不是来自范仲淹，都不影响它的广泛传播。它满足了部分落第知识分子的一种普遍的愿望，不能做宰相，通过做一个好医生也能实现济世的理想。这是这句话能够经久传播的根本内核。当然，这句话也是对儒者科举失败转而从医的一种心理慰藉，这种因素不可忽视。南宋崔世明科举屡试不中，后来感叹说："不为宰相，则为良医。"无论是做宰相，还是做良医，都是为了济世。做宰相是为了管理国家，做良医是为了给人治病，都是造福社会，造福百姓，这些都是济世情怀的体现。一些书生科举不中，往往会选择做医生。以他们丰厚的学养，对医术的发展也是一种促进。明代的李时珍也是屡试不中以后，才子承父业，成为一代名医。

宋代还首创了"儒医"一词，大概是指儒者从医，或者医者有儒家的文化修养和济世情怀，他们以儒家思想为指导思想。宋仁宗时期还下令创办了国家最高医学教育机构——太医局。宋神宗时太医局教育走上正轨，宋徽宗时期宋代的医学教育取得了极高的地位，并且培养了一大批优秀的医学人才。这些都和儒家培养人的模式很相近。谢观在《中国医学源流论》一书中说："自唐以前，医者多守专门授受之学，其人皆今草泽铃医之流……自宋以后，医乃一变为士夫之业，非儒医不足以见重于世。"在中国古代，技术人员地位低下，不被社会重视，医术也是技术的一种，医者被当成工匠一类人看待。儒医的称谓在一定程度上提升了从医者的社会地位。儒者具有很高的社会地位，将医者与儒者并列，这是对医者的尊重。在南宋，有些医生也以儒医自我标榜。

宋代医者的社会地位大为提高，这在对医者的称谓方面也能看得出来。宋代以前，把医者称之为医、医者、医师、疾医，唐代称之为医生，宋代称之为大夫、郎中，宋代这种称谓一直被沿用至今。宋代对医官定品级，大夫、郎、医效、祗候都是医官品级，以大夫为最高。宋代盛行对人的身份夸大，把一般医者都尊称为大夫成为一种风气，同时这种称谓也让医者感觉受到尊重。

8. 药铺工具

在中医药发展过程中，人们发明了很多药材加工方法，比如炮制技术，实际上就是通过各种手段去除药材中的毒性成分，保留有效成分。为了加工药材，人们发明了很多切割、粉碎、蒸煮、称量的工具，比如药碾子、铡刀、戥子、药杵、捣药罐、药锅等。杭州胡庆余堂为了使药材在加工过程中成分不发生变化，专门制作了金铲、银锅。因为这两种金属比较稳定，不容易与其他物质发生化学反应。

金铲、银锅

中医是中华文化的重要组成部分，经过几千年的发展，帮助中华民族战胜了一次又一次疫情，为中华文化的发展保驾护航。中医中融合了中国人特殊的哲学观、自然观、人生观。中医以防病为主，扁鹊说："上医医未病，中医医欲病，下医医已病。"中医积累了大量的养生知识，值得我们研究并加以充分利用。宋代非常重视医学发展，历代皇帝都颁布了一些促进医学发展的诏书，医学著作大量问世，中医发展出现繁荣局面。《清明上河图》中仅仅城内的一小段街区，就出现两家医馆，可见东京医馆数量之多。

清　佚名《线描市井七十二行街头买卖巨幅图册-1》

三、宋代市井不可或缺的"小"角色们

1. 篙夫

在没有螺旋桨的时代，船只除了划桨、摇橹拉纤以外，就是靠撑篙前行。很多时候，撑篙和划桨、摇橹合在一起使用。有些小船可能只用船篙撑船。我们经常在一些古画中看到一条小船仅仅有一位篙夫在撑船。在山野间的水面上，他们自由自在，唱着渔歌，在天地间逍遥，令古代有归隐情结的文人羡慕不已。他们往往成为山水画水景部分的重要点缀。

篙夫——舵师的得力助手

篙夫，也叫篙师、缆头、头工、篙工，他们主要在船头、甲板上活动。

他们的主要职责是通过撑篙获得反向作用力推动船只前进。同时，他们还要测量水深，协助舵手（艄公）控制船的方向，以及船与岸边的距离，等等。他们的工作对行船安全至关重要。

《清明上河图》中有很多篙师，在运河大拐弯处，逐渐远去的一条船上有两位篙师，船两侧甲板上各有一位。在一条行进中的豪华客船上有5位篙师。在虹桥下出现危险的船上有多位篙师，仅看得见的一侧就有8位，可能是情况紧急，一些游客也在客串篙师。

篙师要不断向舵师报告水情，以便舵师调整行船方向。船舵在船尾，舵师的工作岗位在船尾舵舱内，舵舱内有舵杆，舵杆下面就是船舵，舵师通过舵杆控制船只行进方向。因为在船尾，所以舵师未必掌握水深，需要篙师不断报告水情。尤其是在河边浅水区靠近岸边时需要反复报告水情，否则就有可能使船只搁浅；如果在深水区行进，篙师就轻松多了。

那么，一条船上究竟需要多少水手、篙师呢？根据唐代管理漕运的大臣刘晏在《漕法》中记载：千石江船每艘船有水手30人、篙师5人。千石船，换算成现在约为60吨，属于比较大的船。宋代汴河漕船一般有5位篙师。但是，海船规模较大，有些船只有篙师60多位。

在元代《西湖清趣图》中，篙师都是站在船顶撑篙的，而在《清明上河图》中，篙师都是站在甲板上撑篙的。《西湖清趣图》中一般一条船上有3～5位篙师，多数为4位。

一篙多用

篙师撑船要靠船篙。篙师手中拿的篙是分等级的，有头篙、二篙、三篙等，一般船上可能有五六条甚至七八条篙。头篙一条，长约3.3米；二篙两条，长约2.8米；三篙两条，长约2.5米。（山曼《流动的传统：一条大河的文化印迹》，浙江人民出版社，1999年8月版，91页）离岸、靠岸时，篙师撑篙起着非常重要的作用。遇到急流险滩，也主要是靠篙师撑篙，紧要处，往往篙师一篙就能化险为夷，所以有谚语"一篙值千金"。在长江三峡中行走的船只，在过一些激流险滩时，篙师的责任巨大，一旦操作失误，则会船毁人亡。有些船只会专门交给当地人撑篙，他们熟悉水情，都是撑篙高手。

有的船篙顶端有一段小横木，目的是撑篙时用肩部抵住，增加力量。这种船篙也被称为拐子。（山曼《流动的传统：一条大河的文化印迹》，浙江人民出版社，1999年8月版，124页）有的船篙顶端的横木是弧形的，抵在肩膀上非常合适，篙师通过这段弧形短木可以将全身的力量集中在篙上。四川嘉陵江的部分篙师使用这种篙。英国科学史研究专家李约瑟于1944年

篙师手握船篙

4～6月在四川调研，拍摄了当地篙师使用这种篙的情况。

在《清明上河图》中，一条正在行进中的豪华客船船头有一位篙师，手里拿的船篙正好露出水面，船篙的顶端装有铁制的包头，包头上还带有铁钩子，为的是靠岸时钩住岸上的固定物，或者想与其他船只靠近时钩住其他船只的船体，这样要比撑篙省力很多，而且速度快。由此可见，张择端对细节的刻画能力如此高超。他一定是对汴河行船做了大量的研究并进行了长时间的观察，如果没有水上生活经验或者细心研究观察，是画不出这些细节的。

篙师在船上的地位仅次于舵师（舵手），他们负责测水深，一般船上都有一根测水深的竹竿，被漆成一段白一段黑的，有时中间在一定刻度内还附有羊毛。在虹桥下出现危险的大船上有一位篙师正在用测水深的竿子撑住桥的底部。因为事出紧急，这里显然不是在测水深，而是帮助船只控制方向。

测水的工具

测水深的竹竿一般3.3米长，每隔一定距离有穿孔，孔中嵌有羊毛，篙师根据水深的情况报告是一节水、两节水还是三节水等，舵手依据水情调整方向。（山曼《流动的传统：一条大河的文化印迹》，浙江人民出版社，1999年8月版，91页）不过，在图中我们没有看到测水深的篙上有羊毛。

船篙还有另外一种用途，就是用于固定船只。在《西湖清趣图》中，好几条停泊的船只都把篙直直地插入水中用于固定船只。这时的篙起到了类似船锚的作用。西湖水面基本上是静止的，水也比较浅，把船篙插入湖底淤泥中，船只就不会漂移。下图中的篙大都插在船的两侧。

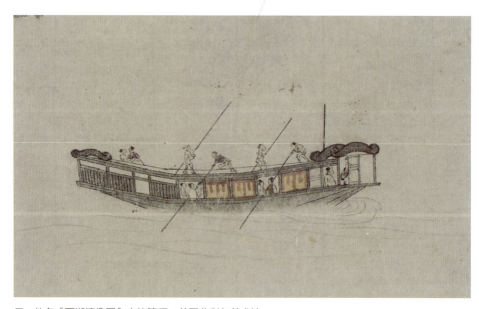

元　佚名《西湖清趣图》中的篙师　美国弗利尔美术馆

元　佚名《西湖清趣图》中用篙固定船只　美国弗利尔美术馆

宋佚名《赏月空山图》中的小船，船头有一个洞，船篙穿过这个洞，直接插在水底，用这种方法固定船只，仅适合小船，大船可能就不行了。

宋　佚名《赏月空山图》中用船篙固定船只　台北故宫博物院

在大运河的分支浙东运河绍兴段有一段古代的纤道，最上层的石板上有很多圆洞，有人说其用于将船篙插在上面固定船只。

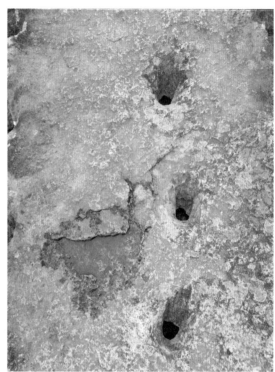

绍兴古纤道上的小洞

篙师号子

在行船过程中，篙师们还有自己的号子，这些行船号子种类很多，有的逐渐演变成民间歌曲，这就是棹歌，是船歌的一种。所谓棹，就是划船的工具，形状和桨差不多。划船的人和撑船的人都是船工，他们都唱棹歌，比如《兰溪棹歌》《鸳鸯湖棹歌》。李白在《越女词五首》中写道："耶溪采莲女，见客棹歌回。笑入荷花去，佯羞不出来。"写的是船家女自娱自乐地唱棹歌，见到生人来反倒有些害羞，躲入荷花丛中不出来。

篙师是十分辛苦的，来来往往用力撑船，不能有片刻停歇，喊喊号子、唱唱棹歌，可以缓解一下疲劳。

各地的船歌丰富多彩，花样百出，是我国古代民歌的重要组成部分。其中有大量的民俗内容，十分珍贵。可惜，随着螺旋桨的普及，这些船歌基本消失了。现在有些船歌已经被列为非物质文化遗产。

古代诗词中的篙师

只要乘船，必然要与篙师为伴。在古代诗词中，涉及篙师的诗句很多。苏轼的《慈湖夹阻风》中有诗句："捍索桅竿立啸空，篙师酣寝浪花中。"这里是说，在湖上遇风，船只不能前进，缆绳、桅杆在风中呼啸，平时篙师难得休息，这时却正在睡大觉。

宋代古汴高士有一首诗《潼坊晚渡》："日落山前水涨时，有人拍掌笑嘻嘻。篙师只管需把手，载过神仙不自知。"这里是说，傍晚河水上涨，有人很高兴，篙师在轻轻地撑船，他们把神仙载过河去也不知道。这里的写作视角是羡慕篙师的潇洒，却不知篙师的辛苦。

宋代杨万里的《过沙头三首（其二）》："过了沙头渐有村，地平江阔气清温。暗潮已到无人会，只有篙师识水痕。"这里是说只有篙师懂得水的深浅。

杨万里另一首诗《下横山，滩头望金华山四首（其一）》中有诗句："篙师只管信船流，不作前滩水石谋。却被惊湍漩三转，倒将船尾作船头。"刚开始，篙师非常胆大，让船只信水漂流，根本没有为前面的危险做准备。突然，船只进入一个大漩涡，船在水中快速打转。这时的船几乎失控，让人惊恐万分。虽然没有翻船，但是船头已经变成船尾。杨万里在这里实际上是在说篙师的粗心大意。暗含的哲理就是万事要谋划在先、未雨绸缪，不然遇到危险就会手忙脚乱。

唐代杜甫的《水会渡》中有诗句："篙师暗理楫，歌笑轻波澜。"这里的篙师看来比较老到，波澜不惊，在行船过程中谈笑风生。

宋代苏辙的《题王诜都尉画山水横卷三首》中有诗句："我昔得罪迁南夷，性命顷刻存篙师。"这里是说自己被贬南行，生命都把控在篙师手里。

由此可见，苏辙南行行船十分危险。

宋代陆游的《夜宿阳山矶将晓大雨北风甚劲俄顷行三百馀里遂抵雁翅浦》中有诗句："白浪如山泼入船，家人惊怖篙师舞。"大浪汹涌，如山一般泼入船舱，家人惊恐万分，一"舞"非常形象，表现了篙师手忙脚乱。

明初诗人袁凯的《观王生所藏王维画》中有诗句："明日江头候春水，典衣沽酒待篙师。"为了行船安全，典卖衣服换来钱买酒犒赏篙师，为的是让他们好好撑船，保证一路平安。

明代礼部侍郎、文渊阁大学士李东阳的《天津八景·其五·吴粳万艘》中有诗句："漕卒啸风前后应，篙师乘月往来频。"这里是指漕船夜间行进过程中，运漕的士兵临风前后呼应，篙师们在月色中来来往往前后频繁移动，努力撑船。

篙师作为船工的一部分，对行船安全起着重要的作用。应该说，在水上行船是辛苦的，他们风里来雨里去，需要养家糊口，远没有古画中所表现出来的洒脱。

2.占卜、算命

《清明上河图》中有多位占卜、算命的人。在挂有彩旗的小饭店门口，一位算命先生手里拿着幡，正在和一个人交接某种东西，推测应该是刚刚给这个人算了一卦，这个人正在给算命者付钱。在衙门口，有一个摊位，搭有席篷，上挂神课、看命、决疑三块牌子，算命先生坐在椅子上，正在给人算命。

小饭店门口的算命先生和客人

衙门口的算命铺

占卜是一种巫术，来源很早。远古时期巫医不分、巫政不分、巫舞不分、巫音不分，也就是巫师同时也是医生、部落首领、舞蹈者、音乐人等，巫师在氏族社会中占有非常重要的地位。在一个原始部落中，只有最聪明、最有智慧的人才有资格做巫师。巫师往往也成为头领的重要助手，或者本身就是头领。早在商代就有灼烧龟甲占卜的做法，甲骨文基本都是占卜记录。商王爱占卜，出征、出行、婚嫁等几乎事事都要占卜。他们往往通过灼烧龟的腹甲进行占卜，据说这种做法源于龟灵崇拜。远古的人们看到龟的寿命很长，部分品种的乌龟寿命可达150年以上，远远超过人类的寿命，于是人们认为龟具有通神的力量，对它们开始崇拜。在距今9000年至7000年的河南舞阳贾湖遗址的一些墓葬里出土了很多龟壳，里面还装有石子，在一件龟甲上还刻有符号。一般墓葬中都有8个龟壳，个别的有6个龟壳，还有的是4个龟壳。贾湖人还会在建筑的柱子底部放龟壳，做奠基之用。司马迁在《史记·龟策列传》中说："灼龟观兆，变化无穷。"这说明在汉代烧龟占卜仍然十分流行。在明代仇英版《清明上河图》（辽博本）中有一家店铺，上书"灼龟"，店内有一个人戴着东坡巾，正在审视一片龟甲。墙上还有一幅画，根据单国霖先生对仇英版《清明上河图》辛丑本的解读，这幅画像应该是周公，也就是周武王的哥哥姬旦，其善于解梦，被奉为《易经》占卜的祖师爷。（单国霖《张择端、仇英〈清明上河图〉释惑解读》，文物出版社，2020年3月版，317页）由此可见，烧龟占卜的传统自远古以来一直都有，并没有消失。

明　仇英《清明上河图》中的占卜店铺　辽宁省博物馆

历史上秦始皇焚书坑儒，但是，卜筮之书却不在烧毁之列。据《史记·秦始皇本纪》记载："所不去者，医药卜筮种树之书。"由此可见，同时不在烧毁之列的还有医药书和种树之书。

宋代卜巫十分普遍，很多人相信卜巫。据王安石《汴说》记载，百万人口的京城占卜者竟然有上万人。可见这支队伍十分庞大。据河南大学宋史研究专家程民生先生估计，北宋全国有卜巫相士76万多人。（程民生《宋代民众文化水平研究》，社会科学文献出版社，2022年8月版，276页）北宋名将狄青的孙子狄偁因家道中落，开始在市场上为人看相，诗文写得也不错。

虽然宋代占卜之风盛行，但是也有人头脑保持清醒，宋人李觏说："今也巫医卜相之类，肩相摩，毂相击也。或托淫邪之鬼，或用亡验之方，或轻言天地之数，或囟许人伦之鉴，迂怪矫妄，猎取财物，人之信之若司命焉。"（李觏《李觏集·富国策第四》）在这里，李觏显然对占卜持一种批评的态度。

宋代孟元老的《东京梦华录》记载："其卖药卖卦，皆具冠带。至于乞丐者，亦有规格。稍似懈怠，众所不容。其士农工商，诸行百户，衣装各有本色，不敢越外。谓如香铺裹香人，即顶帽披背；质库掌事，即着皂衫角带，不顶帽之类。街市行人，便认得是何色目。"可见宋代职业装已经很成熟，适用范围很广，包括江湖卖药占卜、乞丐、香铺裹香人、质库掌事等，举凡士农工商皆有职业装，只要看看他们的服装就知道他们从事的是什么行业。《清明上河图》中出现的两位占卜、算命人的衣装高度相似，尤其是帽子基本是一个样式，应该是他们的职业装。

宋代文人都喜欢占卜，很多人还会自己占卜。苏轼对《周易》研究很深，他著有《东坡易传》，精通用《周易》进行占卜，《东坡志林·记筮卦》记载，有一次他弟弟苏辙长期没有来信，他很是思念，就用《周易》占了一卦，卦象"极精详，口以授过，又书而藏之"，这里的"过"就是指苏轼儿子苏过，意思是东坡专门口授，让儿子苏过记下来并加以珍藏。

经常豪赌的章得象

用骰子占卜比较常见，容易操作。据宋代吴曾的《能改斋漫录·神仙鬼怪》记载："章郇公守洪州，尝因宴客，掷骰赌酒。乃自默占，如异日登台辅，即成贵采。一掷得佛面浮图，遂缄秘其骰，至为相犹在。"章郇公就是章得象，后来做了宰相（台辅）。洪州是指今江西南昌。这里的"佛面浮图"是一种贵采，所谓贵采，就是掷骰子得到很好的数字，比如骰子都是点数六的一面朝上等。据记载，章得象常常与李亿在李宗谔家赌博，有一次竟然输了三十万钱，而且毫不在意，"得象尝与亿戏博李宗谔家，一夕负钱三十万，而酣寝自如"。（《宋史·列传》卷七十）有一次章得象赢了主家李宗谔一盒金子，不几天又输了，付钱时原来李宗谔付给章得象的那盒金子连盒盖都没有打开，原来的封条还在，"他日博胜，得宗谔金一奁；数日博又负，即反奁与宗谔，封识未尝发也。其度量宏廓如此"。（《宋史·列传》卷七十）这里称赞章得象度量大，也有为赌博正名的嫌疑。章得象还曾和丁谓在寒食节期间赌博，开始是丁谓输了几百两银子，丁谓马上吩咐家人第二天把银子送到章得象家。宋代一两银子基本等于一千个铜钱，几百两银子，就是几十万铜钱，这着实是一笔巨款，可见二者进行的是一种豪赌，而不是小游戏。第二年寒食节，二人再次赌博，这次是章得象输了，恰巧章得象没有带钱，丁谓却频繁催促付钱，章得象只得吩咐家人取钱，拿回来一看，原来是去年丁谓输的钱，连包封都没有拆开。笔者怀疑，这是上一个故事的翻版，在古代笔记中，这种情况经常出现。

五花八门的占卜类别

宋代占卜、算卦种类很多，有摸骨听声、测字、抽签、卦影、六壬、骷髅卜等。所谓摸骨听声，就是根据人的骨相预测未来，对于女人不便摸骨，就靠听她们的声音来预测命运。测字也被称为拆字、相字，如果来人会写字，就让他写一个字，如果不会写字，就让他选一个字，然后卜者对这个字进行解读，说出被测人的吉凶祸福。这就要求测字先生对汉字结构有深刻的了解，而且要有常人无法想到的解释。这项工作的难度还是蛮高的。抽签大家都知道，此不赘述。所谓卦影，就是一种有图有文的预测法。六壬，是将星相学和人的命运相结合的一种学问，以天空中包含的万物预测人的命运。北宋掌握六壬之术的楚芝兰向朝廷自荐，被录用，后来做到司天监事。

乞梦。宋代很多科举考生通过乞梦预知未来。据说，北宋东京汴梁的二郎庙乞梦最准，很多赶考之人到那里过夜，希望得到美梦。有些人在梦中得到带有隐语的诗词。有些寺院专设乞梦馆，以此满足科举士子的需求。

占卜者有的有固定的摊点，有的游走在大街小巷，边走边吆喝。俗话说："倒霉上卦摊。"人们生活顺顺利利的时候很少上卦摊，只有在不顺利的时候才会有病急乱投医，往往会让算命先生算一卦。宋代还有用小公鸡、鸡蛋进行占卜的，方法多样。

沈括在《梦溪笔谈》中说："京师卖卜者，唯利举场时。举人占得失，取之各有术。有求目下之利者，皆曰：'必得'。士人乐得所欲，竞往问之。有邀以后之利者，凡人有问，悉曰：'不得'。下第者常十分之七，皆以谓术精而言直。后举倍获。有因此著名，终身飨利者。"（《梦溪笔谈》卷二二谬误谲诈附）这里是说，卖卜者最赚钱的业务是为科举考生算命。参加科举考试的人压力较大，都想知道自己能否高中，占卜者针对这些考生各有说辞，如果是问眼前的利益，都说：必得。来人很高兴，其他人也争着来问前程。如果问将来的利益，都说：不得。这里说科举考生落第者占百分七十，是很不准确的，实际上宋代科举录取率仅有千分之一以下。那些落第者都说他占卜准确，以后的考生纷纭而至，占卜者大赚其钱，终身获利。

道士画符，起于东汉，通常由两个以上汉字组合而成的复文，是通过汉字的变形、组合来呈现的，一般人只能认出偏旁，不明白其具体内涵，具有神秘性。有云篆、灵符、宝符、符图等。（程民生《宋代民众文化水平研究》，社会科学文献出版社，2022年8月版，261页）

用《周易》占卜。《周易》在民间主要用于占卜。前文已经提及，苏轼常用《周易》占卜。朱熹说："《易》本卜筮之书。"卜筮是古代术数的一种，术数包括星占、卜筮、六壬、奇门遁甲、相命、拆字、起课、堪舆、择日等，与人们的生活息息相关。流传最广的一种命术即四柱推命的八字术，是将人出生的年、月、日、时辰转换成天干地支，在干支中代入阴阳五行系统而进行复杂运算的一种算命术。（程民生《宋代民众文化水平研究》，社会科学文献出版社，2022年8月版，262页）

堪舆就是看风水，在中国流传很广，现今在一些农村地区，人们在选择宅基地、墓地时都要请风水先生给看一看。他们的标配是一个罗盘。他们往往结合天象、地势来为人们选择宅基地和墓地，也会指出现有宅基地、墓地的优劣等。

宋代堪舆之术大盛，出了很多所谓的堪舆名家，据张邦炜先生统计：《古今图书集成》中列入堪舆名流列传者共115人，其中秦2人、汉1人、晋3人、隋2人、唐33人、元1人、明30人，两宋则多达43人，占总数的37.4%。（张邦炜《宋代政治文化史论》，人民出版社，2005年版，505页）

在风水先生看来，有些人家门前有一条正冲大门的大道或胡同是不吉利的，于是就会要求主家弄一块泰山石来抵挡一下，实际上这在某种意义上也是一种巫术。

江西地区巫术盛行，很多是家传，宋仁宗时期，江西洪州发生大瘟疫，但是江西人"信巫不信医"，夏竦下令逮捕巫者并加以杖责，那些特别有名的在脸上刺字并发配，一年内共惩处1900多人。但是，在宋代像夏竦这样明智对待巫术的官员是少数。

伴随着巫风之盛，宋代诞生了一大批卜巫算命的相面之书，比如传为陈搏所著的《麻衣相法全编》，被相面者奉为经典，还有南宋术士曹东野所著的《怡斋百中经》，以及《火珠林》《珞琭子》等。据一些学者考证，宋代用于占卜的书籍有35种之多。

来自皇室的推崇

蔡绦的《铁围山丛谈》中曾记载四川术士谢石为蔡京、宋徽宗、太子测字的故事，很有传奇性。

北宋宣和年间，宋徽宗写了一个"朝"字，偷偷让人拿着这个字来试谢石。谢石一看，马上喊"万岁"，他说："十月十日生，非今上而谁？"宋徽宗生日是十月十日，宋徽宗因此大惊，把他召入内廷，命令左右侍从和嫔妃写字让谢石来预测。有一次，宋徽宗私下里让太监向太子要来他写的一个字，交给谢石，这个字是"太"字。谢石说："这是天子啊！"左右大为惊惧。宋徽宗问他为何如此判断，谢石说："'太'字点微横，此必太子也。他日移至诸上，岂非'天'字耶？"宋徽宗很高兴，赐给金带。谢石的预测都很精准，宋徽宗大喜，对谢石赏赐很多，并赐封谢石承信郎官职。谢石因此声名大振，来求他算命者门庭若市。

周辉的《清波杂志》记载："政和、宣和间，除擢侍从以外，皆先命日者推步其五行休咎，然后出命。故一时术者谓：士大夫穷达，在我可否之间。朝士例许于通衢下马医卜，因是，此辈得以凭依。"文中说宋徽宗任命官员前，先让占卜者算一算将被任命人的五行等，实在是荒唐。

据蔡京的儿子蔡绦的《铁围山丛谈》记载，宋徽宗赵佶没有做皇帝以前，有一次让侍从拿着他的八字到大相国寺去算命，要求在每一个算命摊都问一下，不要说是赵佶的八字，只说是侍从自己的八字。侍从最后来到一个叫陈彦的算命先生面前，给他看了八字，结果陈彦对来人说："这不是你的生辰八字，乃是天子的生辰八字，何必来捉弄我？"来人十分惶恐，回去向赵佶报信。赵佶要求他再去问，不要隐瞒。陈彦倒也直接，说："汝可归白王：王，天子命也，愿自爱。"后来不久，赵佶就做了皇帝。这位算命先生陈彦也因此发达，不再摆摊算命，成了节度使。当然，宋代的节度使和唐代的节度使大为不同，往往都是虚职，但是俸禄丰厚，一般皇族才给予节度使的官职。

宋代算命需要多少钱

人们天生对未来感到好奇，想要知道自己的未来，卜者、算命先生正好能够满足人们的这种需求。直到今天，仍然有很多人相信算命先生的话。我的老家有一位算命者，被传得神乎其神，远在几百里以外的人都开着车来请他算卦。后来，人们还在我们村南盖起了一座庙。

南宋洪迈的《夷坚志·夷坚丁志卷一·王浪仙》记载：一位隐者"居于瑞安之陶山，所处深寂，以耕稼种植自供。易筮如神，每岁一下山卖卦，卦值千钱，率十卦即止，尽买岁中所用之物以归。好事者或赍金帛，经月邀伺，然出未十里，卦已满数，不复肯更占。郡人王浪仙，本书生，读书不成，决意往从学。值其出，再拜于涂，便追随入山，为执奴仆之役。稍稍白所求，隐者亦为说大概，又举是岁所占十卦，使演其义。王疲精竭虑，似若有得，彼殊不以为能，曰：'汝天分止此，不可强进也。'遣出山。然王之学，固已绝人矣"。这位隐者用《易经》为人算命很准，不过算卦者有点饥饿营销的味道。每年出山一次，每次算十卦，每卦一贯钱。价格确实很高。有些人带着钱财，专门等待，有的要等上一个月，但是，这位隐者出山不到十里，已经算完十卦，再也不肯算了。书生王浪仙读书没有读出名堂来，决定跟随隐者学习算命，虽然天分不够，但是所学已经很厉害了。北宋大相国寺也有一位类似的算命者，每卦一贯钱，很多人争着找他算命。宋徽宗时期，一位算命者挂出牌子，标价一卦万钱，也就是十贯，但是每天只算一人。（程民生《宋代物价研究》，江西人民出版社，2021年5月版，282—283页）至今还有这种算命人，每年或每天只给一定数量的人算命。实际上这是一种噱头，是故弄玄虚，以此招摇撞骗。

据《四朝闻见录》记载，宋代名将杨存中因为敬佩一位测字先生，一下子就批给五百万钱。这可是一笔巨款啊！杨存中也够慷慨的，不知道对待自己的士兵是不是也这样慷慨，实在是匪夷所思。

南宋临安中瓦的卜者夏巨源每卦要价五百文，而一般算命人每卦二十至一百文。北宋东京汴梁大相国寺中的占卜者大多是二十至一百文一次。当然也有漫天要价的，宋徽宗时期，大相国寺的一位占卜者每一卦要价十贯，显然这位占卜者只宰那些富贵人。

被神化的袁天罡、李淳风

宋代的《太平广记》一书中有很多关于算命的故事。书中讲述了一个袁天罡的故事：在武则天还是个吃奶的婴儿时，武则天的父亲武士彟请一位精通相面之术的益州人袁天罡来家里给家人相面。袁天罡首先给武士彟的妻子、武则天的妈妈杨氏相面，袁天罡说："夫人一定生贵子。" 武士彟于是便将他的儿子们都叫到跟前，让袁天罡给他们一个一个地看。袁天罡对元庆、元爽说："二位公子的官职能升到刺史，后来的结局将会艰难。" 袁天罡看见武则天的姐姐也就是后来的韩国夫人便说："这位女孩将来一定大为显贵，但对她丈夫不利。"武则天当时很小，还被抱在怀里，穿着男孩子的衣服，奶妈把她也抱来了。袁天罡抬眼一看，大为吃惊，说："这个孩子长了龙的眼睛和凤的脖子，富贵极了。如果是个女孩子，将来一定成为天下之君主。"当然，宋代人编唐代的故事，用历史结果倒推写故事，哪有不准的？所以，历史上那些算命很神的故事，包括上文提及的宋代算命故事，都有后人用结果倒推写故事的嫌疑，不可当真。

关于堪舆有一个比较神奇的故事。唐代风水大师袁天罡和太史令李淳风都擅长看风水，武则天让他们二人分别为自己寻找墓地。他们踏遍万水千山分别找到一块地方，袁天罡在找到的地方埋了一枚圆形方孔钱，李淳风插了一枚铁钉。回到长安后，二人碰头，发现找的是同一块地方。当差人挖开他们所选中的地点后，李淳风的铁钉正好插在袁天罡的钱孔里。武则天就此建陵。这也太神奇了，完全是后人为神化袁天罡、李淳风杜撰的故事，最大的可能是那些靠风水吃饭的人杜撰的故事。一些小说、传奇将之写入书稿，不断演绎，越来越神奇。这个故事的版本很多，还有说是袁天罡和李淳风二人为自己选墓地等。

　　占卜、算命是一种对未来的预测，人们都希望知道自己的未来，但又不知道到哪里得到答案，只好找占卜者、算命先生，这些人揣摩来人的心理，观察他们的言行，投其所好，满足来人的愿望，是一种骗术，没有科学可言。但是，占卜、算命在古代却特别盛行，直到今天，仍然有不少人相信占卜和算命，我们应该对此保持警惕。

第四章
民为邦本：瓦子里的活色生香

在中国最早的历史文献汇编之一《尚书》中有这样一句话："民为邦本，本固邦宁。"人民是国家的根基，只有根基牢固了，国家才能安定。这和后世所说的"水能载舟，亦能覆舟"是同样的道理。而现在我们所说的"以人民为中心"就是对古代"民本"思想的继承和弘扬。宋代商品经济繁荣，普通民众的生活环境相对安定，因此对生活品质开始有了追求，这可能也是宋代文化和艺术发展如此之快的原因之一。宋人讲究生活美学，如在宋代兴起的"四艺"和"十雅"，普及于街坊市井，深刻影响着普通人的生活。宋代的"假日经济"也很繁荣，传统节庆日时，风俗活动和外出游玩都很隆重和频繁。说到这里，不禁联想到了现在我们小长假时景区人山人海的场景，当老百姓的物质生活得到满足后，势必会追求精神上的愉悦，形成雅俗共赏的文化产业和娱乐产业，古今都是如此。

宋代城市的娱乐中心叫瓦子，也称瓦市、瓦肆。在宋代，普通民众的娱乐生活中，瓦子绝对是非常重要的存在。瓦子里，曲艺、说唱、杂技，各种表演形成了宋代城市"娱乐业"的支柱产业。瓦子里的娱乐项目有几十种，而我们今天要说的，是里面的说书人以及那些无法在瓦子里表演的路岐人。

在古代中国，说书遍及城乡，它和戏剧一样是基层百姓的重要娱乐方式。从历史上看，说书比戏剧更加古老，影响也更大。这一部分内容，我们把焦点关注到那些相对弱势的艺人身上，从《清明上河图》中的说书人来看看古代游吟艺人的生活图景。

一、人类史诗的传承者——游吟艺人

说唱在文字产生以后还一直存在，不仅仅是为了满足不识字人的需求，也是人类文明的重要传承形式，还是一门独立的艺术。说书人的前身是游吟艺人。游吟艺人的历史十分悠久，甚至在文字诞生以前就已经存

在了，他们是口语传播时代的产物或遗存。古希腊游吟艺人在希腊神话形成和传播历史上贡献巨大。荷马就是一位游吟艺人，《伊利亚特》《奥德赛》都是靠游吟艺人传承和传播的。古希腊有一件黑底红绘陶瓶，上面有一个游吟艺人抱着里拉琴，边走边唱，十分生动。

武汉大学希腊史研究学者赵林在《古希腊文明的光芒》中说："古希腊的宗教活动就是通过一种游吟传唱的方式，将神和英雄的故事传给后来的一代又一代希腊人，所以荷马、赫西俄德等人虽然生活在'黑暗时代'，但他们整理的关于神、关于英雄的故事，对后来古希腊城邦的出现，尤其是对古希腊宗教文化的建立，都

古希腊陶瓶上的游吟艺人

起到了重要的奠基作用。"（赵林《古希腊文明的光芒》，人民邮电出版社，2021年1月版，第382—383页）

闻名世界的印度史诗《罗摩衍那》长期以来一直是靠游吟艺人传播的，西亚地区的《一千零一夜》也是如此。我国藏族史诗《格萨尔王》、蒙古族史诗《江格尔》长期以来也一直是靠游吟艺人传播的，20世纪后期才整理出版。过去，这些海量的故事都存在于说唱艺人的大脑里，他们的记忆力超群。至今，在西藏、新疆、内蒙古等地区还有这样的游吟艺人。诗人沈苇曾经做过新疆维吾尔自治区作协常务副主席，他曾经采访过一位新疆的游吟艺人。游吟艺人说自己一次说唱时间很长，结束以后，要吃很多肉。瑞典蒙古使团在清末曾经拍摄过一幅蒙古游吟艺人的照片。从照片中看，这些游吟艺人生活窘迫，帽子、衣服破破烂烂，看了让人心酸。他们是人类史诗的传播者，生活却如此困难。

二、从俳优到路岐人、说书人

据考证，我国春秋时期已经有说书活动。汉代流行说唱活动，四川成都天回山东汉墓出土的著名的汉代击鼓说唱俑姿态滑稽、生动可爱。通过这个塑像可以看出，这位说唱艺人是一位侏儒，属于俳优。俳优能歌善舞，起源很早，盛行于汉代，是一种以说唱为生的专业艺人。中国历代都有使用侏儒进行表演的习俗，有的人还喜欢买一个侏儒作为侍从。俳优表演最开始是为了祭神，之后在宫廷和贵族家庭中盛行，后来才逐渐进入民间。在汉代，俳优的主要任务就是进行各种滑稽表演。司马迁在《史记》中记载

汉代说唱俑

了一些俳优，比如优孟、优旃、郭舍人等。这些俳优不仅供人娱乐，而且利用表演间接向皇帝进谏，有些还收到了很好的效果。

唐代流行用说唱形式讲解佛经，这就是变文讲唱，也叫"说话"。这种形式很受欢迎，于是，有人开始讲唱历史故事，后来逐渐发展成评书、说书。唐诗《看蜀女转昭君变》中有诗句"说尽绮罗当日恨，昭君传意向文君"，这里蜀女说唱的是王昭君的故事，已经是历史故事，不再是佛经故事。世俗故事更接地气，与老百姓的生活更加接近，也更受欢迎。讲唱人为了赢得观众的认可，必然增加这方面的内容。

至宋代，说书开始广泛流行。说书是口头文学的一种形式，说书种类繁多，有"讲经""讲史""小说"等，尤其是讲历史的"讲史"和讲说灵怪、烟粉、公案、朴刀、杆棒、妖术的"小说"最受欢迎，也最为发达。（邓广铭、程应镠主编《中国历史大词典·宋史》"说书"条，上海辞书出版社，1984 年12月版，351页）讲史被认为是宏大叙事，所以是"大说"，而讲灵怪、烟粉、公案、朴刀、杆棒、妖术被认为是小说。这种大小之别倒是很有意思。说书人不仅在瓦子、瓦市、瓦肆等固定场所演出，而且可以到乡镇流动卖艺。在固定场所演出需要听众付费，有专人负责收费。在村镇长期演出的，一般由村镇热心人到每家每户收取费用。如是临时演出，往往向听众劝交费用，多少不限，类似于乡间要把戏的收费模式。

南宋临安有很多知名的说书人，据《梦粱录》记载，当时有名的说书人有周进士、戴书生、张小娘子、宋小娘子、邱机山、徐宣教、王六大夫。从这里可以看出当时还有女说书艺人，张小娘子、宋小娘子显然是女人。其中王六大夫还专门给皇帝讲史（说书），可见皇帝也喜欢听说书。当时的"说话"其实也是说书的一种形式，类别很多，包括烟粉、灵怪、传奇、公案、朴刀等。据《梦粱录》记载，当时著名的说话人有谭淡子、翁三郎、雍燕、王保义、陈良甫、陈郎妇、枣儿、余二郎等。《武林旧事》中也记载了知名的说书艺人，如乔万卷、许贡士、张解元、周八官等。

　　说书人大多选择人流较多、场地宽阔的桥头、十字路口等地方设摊。这类民间艺人被称为"路岐人"。这些人可能是技术差一点，没有资格到瓦子里面表演，只能游走各地，随处设摊，岔路口就是"路岐"，来往人员较多，便于汇聚观看演出的人，"路岐人"的名称便因此而来。他们一般以家庭为单位，三五个人一起表演。收入忽高忽低，十分不稳定。有时候还要受到地痞流氓的欺负。他们的社会地位不高，属于社会底层人士。孙羊正店一角的说书人应该就是路岐人。我们可以看到留着长胡子的说书人正在侃侃而谈，听书人围了满满一圈，细数一下有20位听众，有一位听书人还让孩子坐在自己肩膀上，有两位好朋友还勾肩搭背，还有一位小朋友个子矮，正在扒开人群往里钻。听书人中有和尚、道士，还有儒生，以及普通群众。我小时候，村子里艺术表演十分贫乏，来一个耍把戏的，大家都跑着去看，小孩子去得晚了，个子又小，只好扒开大人向里面挤。张择端这个细节的描绘非常真实，看到以后，感到非常亲切。

说书摊

明　仇英《清明上河图》中的说书场景　辽宁省博物馆

　　在明代的仇英本《清明上河图》中，在虹桥桥头也绘制了说书人的场景。桥头是一个好地方，是交通要道，是路岐人设场的理想地点。

　　说书人仅仅是路岐人的一种，其他还有杂技表演、幻术（魔术）、傀儡戏等。小说《水浒传》中的张惜惜就是一个路岐人；病大虫薛永也是一位路岐人，他是耍枪棒卖膏药的，在一个场子里耍几把枪棒，吆喝几声，然后拿出一个碗或盘子让大家给几个钱作为打赏。在集镇、庙会经常能见到这类人的身影。

明　仇英《清明上河图》中的路岐人　辽宁省博物馆

清　陈枚等《清明上河图》中的路岐人　台北故宫博物院

　　黄河沿线有一种风俗，也是一种特殊的待遇，即"唱戏说书的、打卦算命的，及乡间医生过河，按习俗不收费。关于说书唱戏的过河不收费，还有一段广泛流传的故事：作为戏曲伴奏的重要乐器鼓板，现在是由三块檀香板构成的，据说当年是四块。有一年王母娘娘在西天举行蟠桃盛会，请八仙唱戏助兴。会上，八仙个个喝得大醉，归来上不了船，何仙姑便从曹国舅抱着的由四块檀香板组成的云阳鼓板上抽下一块做了上船的跳板，从此云阳板就只剩下三块，唱戏说书，也都用三块板的鼓板，因为有一块板留在船上做跳板了，所以说书唱戏的人过河就不用交钱了。在实际生活中，说书唱戏的艺人免费过河之后，往往就地为船工们唱一个小段子，气氛往往非常活跃。打卦算命的，也会主动地送一卦"。（山曼《流动的传统：一条大河的文化印迹》，浙江人民出版社，1999年8月版，125页）医生为人们治病，类似行善，受人尊敬，所以习惯上也不收船费。实际上这是一种交换，他们都用自己的特长来冲抵渡船费，各得其所。

三、盲人的营生

　　盲人是社会的弱势群体，他们往往难以找到自己养家糊口的营生。但是，说书却是历史上盲人的一种营生。历史上说书人中有不少是盲人，小时候村子里请的说书人有不少是盲人。南宋诗人陆游有首诗《小舟游近村舍舟步归》写道："斜阳古柳赵家庄，负鼓盲翁正作场。死后是非谁管得，满村听说蔡中郎。"（注：蔡中郎，蔡邕，东汉著名文学家、书法家，其通音律，善辞赋。蔡文姬之父。依附董卓，后被下狱，60岁而亡）有些盲人，以说书为业，可以养家糊口。他们走街串巷，靠讲故事维持生活。据记载，明代时杭州、扬州都有大量的盲人从事说书业，这种情况在其他地方也很普遍。这种工作风吹不着，雨淋不着，不用依靠视力，靠一个好记性、一张巧嘴吃饭。大运河沿岸也有不少眼盲的说书人游走，有时还到船上为人说书。扬州、淮安、聊城、临清等运河码头都有不少这样的说书人，他们为运河沿岸人民带来了快乐和知识，同时他们也是运河沿岸的道德教育工作者。

有些地方请说书人说书是一种祭祀神灵的形式，和庙会唱戏一样，是给神听或看的。有的人在庙里求神的时候会许愿，如果自己的愿望得以实现，就会请说书人说一场书来报答神灵。陕西、河南、山西都有这种风俗。

历史上陕西的很多说书人是盲人，他们认为说书是神灵赐给盲人的职业。他们供奉的行业神是三皇爷。当然，后来也有很多明眼的说书人。有的地方把东方朔尊为说书人的祖师爷。东方朔是西汉辞赋家，诙谐幽默，关于他的故事有很多。传说汉武帝让东方朔教四个盲人学算命，大徒弟很用心，成了算命先生；二徒弟悟性较差，东方朔让他去说大鼓书；三徒弟还不如二徒弟，东方朔让他去推磨；四徒弟最差，东方朔给他两把刀让他去"叫街"。在这个传说中，二徒弟被安排去说书，就给说书人尊东方朔为祖师爷讲明了来由。这种说法完全是故事，没有文献依据，但是不妨碍它的广泛流传，也不妨碍眼盲的说书人对东方朔的崇拜。

金廷标是清代宫廷画师，他曾经画过一幅《瞽子说唱图》。上面有乾隆御题诗："瞽目先生小说流，秤官敲钵唱街头。村翁里妇扶携听，傥为欢欣傥为愁。"意思是说眼盲的说书人沿

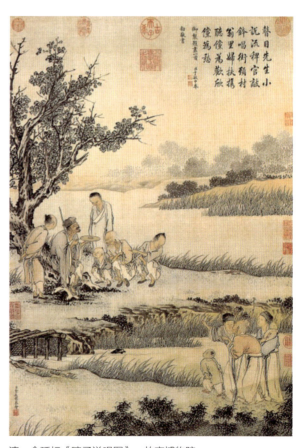

清　金廷标《瞽子说唱图》　故宫博物院

街叫卖，在街头巷尾演唱，村民们扶老携幼来听，听到动情处，一会儿高兴，一会儿发愁。

在没有电视机的时代，农村重要的娱乐方式就是听说书。一个村子里由村民集资请说书人来说唱。一般选择在农闲季节。一般是盲说书人，也有明眼说书人。听书比较廉价，村子里挨家挨户集一点钱，就能说上一个月。唱戏的花费就多了，一般只有重要的节庆或者祭神才请戏班唱戏。我的老家刘庄村，在隋炀帝修建的永济渠边上，有一座三官庙，是为了祭祀天官、地官和水官而修建的，每年农历三月初一有庙会，需要周围四个村子集资请戏班唱戏。

说书人不仅单独设摊说书，还举办书会，比较有名的书会有三个：马街书会、胡集书会、杜寨书会。书会一年举办一次，是说书人盛大的集会。

河南省宝丰县有传统的马街书会，每年农历正月十三至十五举行，届时河南省和其他省的说书艺人汇集于此，各展技艺，盛况空前。当地人形容书会是"一日能听千台戏，三天看破万卷书"。周围准备请人说书的村镇会派听书行家到书会听书，对自己认可的说书人下定金，被称为"写书"。每年会评选说书状元，这个奖项对说书人来说是一个黄金招牌，说明自己已经是"国家级"水平了，将来的生意也会更好。现在马街书会已经被列为国家级非物质文化遗产。

山东省惠民县也有一个书会——胡集书会。每年正月举办。相传始于元代，一直延续到今天。每年正月十一，河北、河南、山西、内蒙古、北京等省市的说书人云集胡集书会，正月十二是大集，各家说书人摆场子说书，各个村庄派出听书行家前去考察，选中之后，约定酬金，交付定金，说书人把自己的鼓交给下定金的人带回村庄。说书人自己撤场，在集市上再听听其他人说书，或者给其他说书人帮忙，比如帮助伴奏等。晚上，就奔赴下定金的村庄。十三日、十四日、十五日、十六日的上午、下午、晚上各演一场。四天表演结束，如果主人继续挽留，还可以继续说下去，如果不加挽留，即去

明 吴伟《流民图卷》中的盲说书艺人

赶十七日书集。这里的书集就成了各村试听书场了，类似现在的促销会、展演会，同现在卖食品的先尝后买的促销方法也非常接近。书会实际上是展示才艺的场所，是说书人的竞技场，而且具有广告功能。各个村子通过这种方式选出自己认为比较可靠的说书人。

这些来自各地的说书人并不是从出发地直奔胡集书会，而是边走边演，被称为"前节"。书会散了以后，回去的路上也是一路走一路演，被称为"后节"。能够在胡集书会上得到高额酬金，被视为一种荣耀。他们会自豪地说："咱们是从胡集书会上打出来的。"（山曼、李万鹏、姜文华等著《山东民俗》，山东友谊出版社，1988年3月版，456页）这就好像是打擂台，或者是在唱对台戏，只不过不是两家，而是几百家一起唱。

除了上述两个书会以外，还有河南许昌的杜寨书会。据说，这是最早的书会，公元10年王莽追杀刘秀，一个说书人把刘秀藏在村北芦苇坑里。刘秀当了皇帝以后，为了报答说书人，在杜寨举办说书人大会，每年正月十三开始。正月初十一过，河南、山东、安徽、江苏、湖北、四川、陕西、甘肃、河北、辽宁、山西等地的说书人纷纷赶往杜寨，多的时候有七百多位说书人参加。当地管吃管住，如果在书会上卖不出去书，当地人还送给说书人回家的路费。杜寨书会虽然历史悠久，但是规模不如马街书会。

说书人的设备比较简单，一块响板（有的是惊堂木、醒木），一只三弦，一桌一椅，有的还配有一面鼓。有的是单人，有的是双人搭班。桌子、椅子一般由当地提供。所以，基本上靠一张嘴吃饭，不用携带繁重的家当，到哪里都比较方便。参加书会的成本不高，加上沿途也是一路表演，所以并不耗费多少钱。加上可以向同行学习，提高技艺，为以后赢得更多的订单奠定基础。同时，这也是一个看样订货会，得到酬金最高的人还能获得"书状元"的称号，从此声名大振，生意更加兴隆。所以，很多说书人愿意参加书会。如果一个说书人一辈子没有去过书会，也是一种遗憾。

三个书会的时间都是正月十二、十三开始，这时大年已过，但是春耕尚未开始，人们还比较空闲，所以有时间听书。在这样的书会上，高手云集，他们之间互相学习交流，共同促进了说书艺术的发展。河南坠子、山东大鼓书、北京大鼓书、琴书、莲花落、三弦书等同场亮相，风格各异，流派纷呈，确实是说书业的盛会。

我小时候的农村老家，一般冬季或麦收以后的空闲时间，村里都会请说书人来说书，一说就是一个多月，都是在晚上说。全村男女老少聚在广场上或村子的大队部里听说书，说书人一会儿唱一会儿说，有时是一人独讲，有时会有一个人拉二胡伴奏。一般讲到故事的关键点上，就说"欲知后事如何，且听下回分解"。听书人意犹未尽，求来求去，说书人被迫再讲一回，结尾仍是一样。结果是，大家满怀希望而去，明天晚上继续来听。说书人一般由村里管吃管住，结束时一次性给予报酬。我印象最深的一次说书，内容中有黄天霸、黄九龄的名字，很长时间不知道书名，前几年想起来一查，原来是《施公案》。当时只觉得有趣，并不关心书名是什么。

20世纪80年代，收音机普及以后，评书大火了一阵子。《岳飞传》《杨家将》《隋唐演义》《三国演义》《水浒传》《封神演义》等评书风行一时，全国诞生了四大评书艺术家：袁阔成、田连元、刘兰芳、单田芳。当时有一位漫画家画了一幅三格漫画，第一格，饭做好了，在冒热气，可是一家人却在听评书；第二格，饭菜上热气少了，家人们还在听评书；第三格，饭菜已经没有热气了，家人们还在听评书。由此可见评书的魅力。当时，我对这幅漫画的印象很深刻，可是后来却怎么也找不到了。但是，随着电视的兴起，电视剧受到热烈欢迎，评书逐渐淡去，书会的盛况也不再。现在智能手机和新媒体的兴起，更让说书这一行业雪上加霜，说书人的日子越来越不好过。作为一种文化艺术形式，它的价值是毋庸置疑的，但是在社会生活中的分量越来越轻了。

四、古代道德教育的舆论场

古代，只有很少的人能够进私塾、县学、州学、太学学习，大多数人没有接受教育的机会。说书人起到了教育者的重要作用，他们对知识传播的贡献巨大。老百姓的很多知识来自评书，比如朝代更迭知识、历史名人知识、外出旅行的知识、为人处世的规则等。

听书对人的影响是多方面的，除了获得娱乐和知识以外，还有意志和性情的培养等。明代文学家冯梦龙在《警世通言·叙》中讲了一个故事：一个人因为做饭使手指受伤却不喊疼。人们感到很奇怪，问他为什么，他说"我从玄妙观听《三国志》评书，关云长刮骨疗毒且谈笑风生，我为什么不能？"这个人的勇气和坚毅明显来自《三国志》评书。

评书中著名人物的口头禅往往也成为市井流行语，一些评书中的名句成为社会流行语。比如来自《西游记》的社会流行语："不看僧面看佛面""既在矮檐下，怎敢不低头""龙游浅水遭虾戏，虎落平原被犬欺""好借好还，再借不难""今朝有酒今朝醉，莫管门前是与非""事不过三""道高一尺，魔高一丈""尿泡虽大无斤两，秤砣虽小压千斤"等

明刊本《西游记》插图

等。这里的"尿泡"是指杀猪时将其膀胱取下来，给其充气，会变很大，大多是儿童玩具。这个东西类似今天的气球，体积很大，却没有分量。这句话非常形象，经过评书艺人之口，传递给社会大众，成为大众的口头禅。有些话至今还是人们的口头禅，可见评书影响之深远。来自《水浒传》的流行语有："有缘千里来相会，无缘对面不相逢""一不做，二不休""不打不相识"。来自《三国演义》的有："分久必合，合久必分"。人们还根据评书故事编了一些歇后语，比如"周瑜打黄盖——一个愿打，一个愿挨""刘备摔阿斗——收买人心""刘备借荆州——有借无还""猪八戒照镜子——里外不是人""孙二娘开店——谋财害命"等。

说书人走南闯北，全凭一张嘴。于是就有了有关说书人的歇后语："说书的走江湖——全凭一张嘴。"人们爱听评书甚至超过了听曲子，于是有了歇后语："不听曲子听评书——说的比唱的好听。"他们讲千古故事，讲到动情之处是泪流满面，于是有了歇后语："说书的掉泪——替古人担忧。"

说书也是一种重要的道德教育方式。艺术界有一个谚语："说书、唱戏劝人方。"这里的"方"，是指方正、正派，就是教人做一个正派、正直的人。说书人所依据的底本都是按照传统道德教育标准写成的，听书人在无形中接受道德教育，比如忠孝节义等，《水浒传》《三国演义》《施公案》等都是如此。然而，这种道德教育是通过讲述有趣的故事来传达的，因此更加有效并深入人心。小时候，父亲教育我们几个兄弟对朋友要讲义气，他说："秦琼为了朋友卖了黄骠马。"这是《施公案》中的情节。父亲不识字，他接受的教育除了家庭以外，说书、看戏是一个重要的途径。那些为民请命、除暴

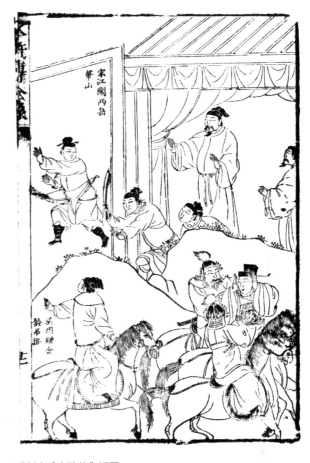

明刻本《水浒传》插图

安良、为民造福的忠臣良将、侠客义士备受推崇，那些误国害民的奸臣、流氓无赖备受谴责。

　　评书里面的标准成了百姓评判社会的标准，也是他们修身立德的标准。在一定程度上，说书人是古代社会重要的道德教育工作者，他们通过书中故事的贬与扬，来倡导正确的价值观，对老百姓的影响巨大。在那个没有收音机、电视机的时代，普通百姓中识字的人很少，再加上书籍数量少，价格贵，他们也买不起，听说书是他们最喜闻乐见的认知形式。说书人的价值观，无形中就成了他们价值观的一部分。

　　我们今天谈说书，不要忘记说书对古代人们道德教育所发挥的作用，他们对人们的价值观的形成与重塑影响是巨大的。老百姓关于朝代更迭的历史知识大多来自说书人和戏剧表演者，故事里面的忠臣、奸臣都成为他们耳熟能详的人物，忠臣良将等好人成为他们模仿的对象，奸臣等坏人成为他们谴责的对象，他们也以此教育孩子，由此可见，说书人、演戏人对古代社会的道德建设贡献巨大。

　　现在，说书作为一种传播形式已经过时了，但是它的历史影响还在。我们在评判古代社会的道德建设的时候，说书人也是一个不可忽视的重要因素。

第五章
革故鼎新：大宋门墙里的生活智慧

宋代，不但在文化、艺术、经济上趋于中国古代的顶峰，其科技发展也是独树一帜的。"四大发明"中的火药、指南针和活字印刷都是在这个时期应用于世的，不但影响了中华民族的发展历程，也对世界科技发展产生了革命性的影响。宋代的科技成就大部分得益于当时文化主体下移，民间科学家登上历史舞台。宋人改革创新的精神正是"革故鼎新"的时代演绎。"革故鼎新"一词来源于《周易》，其含义也很清晰，即破除旧的、建立新的，这正是我们现在所强调的创新精神。"科技创新是第一生产力"，现在的我们深刻地领悟到"坚持创新在我国现代化建设全局中的核心地位"，而那时的宋代先辈也和我们一样，秉承"革故鼎新"精神，在社会发展和技术创新上留下了浓墨重彩的一笔。

而正如我们前面所说，宋代的庶民阶层在文化中开始发挥重要的作用，"革故鼎新"不仅存在于掌握权力的贵族阶层中，而且刻画在了每一个宋代老百姓的思想里。老百姓的生活智慧是在历史长河中更为熠熠生辉的，甚至更真实系统地体现了中华民族"革故鼎新"的创新精神。记得嘉兴种粮大户周自胜的家训是"种田也要动脑筋"，朴实的一句话就是中华民族创新精神的乡土阐释。因此，我们选择通过《清明上河图》走进宋代普通老百姓的生活细节中，看看这些"乡土能人"在生活中如何守正创新，创造属于自己、属于那个时代的生活智慧。

一、用荆条编制的墙

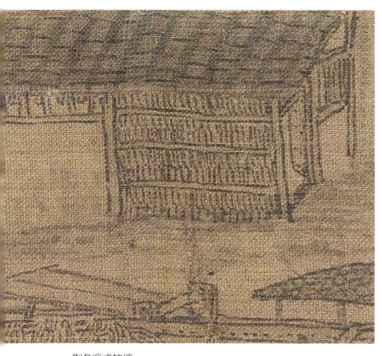

荆条编成的墙

《清明上河图》中在虹桥对岸好几处的屋墙都是用荆条编制的，结构非常清楚。这种荆条墙在图中城门里面部分没有出现，推测荆条墙只是在农家使用。为什么用这种墙呢？这绝对不是像现在的"农家乐"一样故意制造出原生态的乡村风貌，那么是否有可能像现在的城中村或者老小区一样，在黄金地段，但暂时无法更新房舍？不得而知。荆条建墙，是当时在家庭经济较为艰难的时候所能就地取材的好办法。

荆条一般很直，不发杈，韧性好，用荆条编制成墙很结实，甚至不怕雨淋。土质围墙最怕雨淋，雨淋后容易坍塌。荆条编制的墙很薄，虽然隔热效果很差，但是用来遮挡视线没有问题。

图中一家临河饭店的墙是用芦苇编的，编制得非常细致，纹路十分整齐，花纹就好像苇席一样，也很美观。按理说这家饭店的位置很好，规模也很大，主人应该很富有，之所以用芦苇作墙，恐怕不是因为经济的原因，也许是为了装饰，看起来倒也不错。

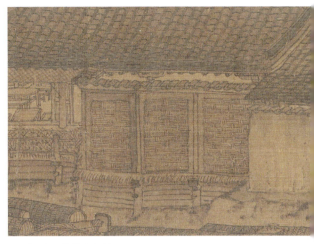

临河饭店用芦苇编的墙

在画卷开始不久惊马下方有一处民宅，靠近河边的一面有一处篱笆，不是用荆条编的，而是随便找细树枝绑扎而成的，上下各有一条绑扎带，这一处篱笆围墙设在房子的一侧，仅仅包住院子的一部分，其他部分是土围墙。院门也是用篱笆制作的，敞开着，可以看到院里的小板凳等物件。门前一支二主三仆的五人队伍正在行进中，男女主人各骑一头驴。

篱笆墙和篱笆门

　　现在在农村用篱笆做围墙的情况非常多，用木棍制作院墙门的情况也非常普遍，这种门一般被称为栅栏门，制作简单，基本不用花钱，也能起到防护作用。有些富人家，为了追求乡野气息，也喜欢制作一些篱笆墙。在古代一些文人隐居题材的画作中，篱笆更是必不可少的素材，成了隐居山野的标志之一。现藏于美国大都会艺术博物馆的五代时期董源的画作《溪岸图》中就有篱笆墙和栅栏门的场景，正门对着的影壁墙好像是用芦苇编成的，席片纹路非常明显。现藏故宫博物院的南宋时期的《柳塘读书图》中的围栏比较整齐一些，像是用锯好的木条制作而成的，栅栏门也一样。台北故宫博物院藏有一幅《东篱秋色图》，画面描绘的是陶渊明隐居的情况，可以看到篱笆墙和栅栏门。篱笆墙一般和茅草屋相搭配，《东篱秋色图》中的房子就是茅草屋顶，只是在屋脊和靠近山墙的屋檐下加了一些瓦片。明代沈周的《柴桑招隐图》中也有篱笆。

五代　董源《溪岸图》中的篱笆墙和栅栏门　美国大都会艺术博物馆

南宋　佚名《柳塘读书图》
中的篱笆墙和栅栏门
故宫博物院

明　佚名《东篱秋色图》
中的篱笆墙和栅栏门
台北故宫博物院

明　沈周《柴桑招隐图》中的篱笆墙　印第安纳波利斯艺术博物馆

　　《清明上河图》中还有人家用荆条、芦苇或竹篾编制凉棚（遮阳篷）、挡板。

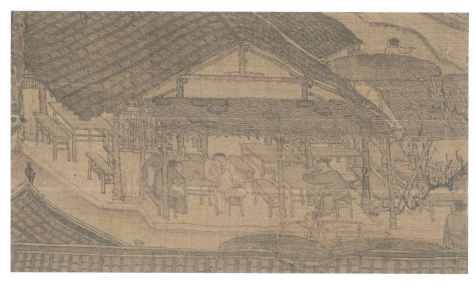

用荆条编制的凉棚

用荆条、芦苇或竹篾编制的挡板

　　这种做法在以前的农村很常见，农民用荆条编制成片状，然后竖起来固定在两边的柱子上作为墙壁。华北农村的荆条有白蜡条、紫穗槐、杞柳等，白蜡条、紫穗槐、杞柳是专门用于编筐的荆条，编制出来很好看，也比较结实。当然，也有用杨柳树、榆树等杂树的枝条编制的，但这种杂树枝不直，粗细不匀，编出来不好看。

　　在古代，对穷苦人家来说，只要能遮风避雨就行，如果建不起土质屋墙，用荆条编制也可以，只是冬天透风，估计冷得很。不过这种情况也是有

荆条编成的墙

办法改善的，小时候见到村里有人用牛粪和泥糊在荆条筐上面，就不透风了，也不漏粮食，用于粮囤很结实耐用，还可以防老鼠。同样，牛粪和泥也可以抹在荆条墙上，达到挡风和遮挡视线的目的。牛粪里有很多纤维，可以防止荆条墙开裂。由此推测图中这些荆条墙内部是抹了牛粪泥的。

城门楼墩台用砖砌筑

中国古代的房屋大多为梁架结构，屋墙不承重，承重都是靠柱子。屋墙仅仅起到分隔空间的作用，所以会出现"墙倒屋不塌"的奇观，墙倒了，没关系，不影响屋子的稳定性，整个梁架通过榫卯结构紧紧地连接在一起。另外，屋墙大多为土墙，很少有砖墙。《清明上河图》中，只有城门是用砖砌筑的。高级酒店、茶馆、民房甚至衙门的墙壁基本上都是土墙。据专家们考证，大规模使用砖墙是从明代才开始的。

在农村，用砖垒墙是很晚的事，我的农村老家，很多家庭的屋墙都是土墙。然后是用胶泥垛墙。土墙最害怕雨淋，所以屋檐要造得大一点，中国古建筑的大屋檐就是因此而来的。中国历史博物馆研究员孙机先生分析中国古代建筑大屋顶的原因，主要就是为了防止雨淋墙，因为明代以后有了砖砌墙，所以大屋顶的必要性就大大降低了，屋檐越来越小，支撑屋檐的斗拱也越来越小，甚至成了一种装饰。

有些人家用没有烧过的砖坯垒墙。经济条件好一点的人家，会用砖裹皮，也就是里面是土墙，最外面用立砖包一层。这种情况主要是针对北墙，在华北地区下雨时多刮西北风，主要是西北方向来的斜淋雨，所以一旦条件允许，首先要把北立面的外墙用砖包起来。然后是临街的墙，主要是为了体面。富有的人家才能扁砖到顶。所谓扁砖到顶，就是所有的砖都是平着砌在一起。家里能用扁砖到顶建房，是一种荣耀，非常了不得，需要十分富有才可以。20世纪70年代，我们村子里有80多户人家，扁砖到顶的房子仅有四五座，其他大多是土墙，或者是砖包皮。小时候，听父亲说，我的祖爷爷一辈，家里有一个砖窑，烧好的砖垛上都长出了很粗的树，还没有盖起房子来。意思是说，在当时盖房子要积攒很多年的钱财和精力才行。相对来说，图中这种荆条墙要简单得多，也比较省力省钱。

小时候，老家的人有院墙，盖不起大门，就用几根粗一点的木棍做框架，用荆条编成栅栏门，晚上会安全一些。还有人用高粱秆扎成院墙，也能用上一年多的时间。

现在村子还残存一些老房子，主要是土墙房。在我的老家称那些没有砖的墙为干打垒。

我的老家河北省邯郸市大名县在卫河与漳河的中间地带，是一个蓄洪区。每家都要垫很高的庄基地，条件好一点的家庭在屋墙的底部砌几层砖（碱脚），主要是防止洪水来了冲毁屋墙。如果全是土墙，大水漫过庄基地，土墙就会倒塌。有了碱脚，就可以提防更大一些的洪水。1963年，卫河决堤，我老家西屋水面上还有三层碱脚，没有倒塌。我们村仅仅剩了三座房屋，其他都倒塌了。碱脚也是为了防止土墙向上返碱，如果返碱，土墙就会风化掉土，影响稳定性。

河北安新县洞口村正在维修中的陈调元故居

陈调元故居西屋内墙上的土砖坯

2017年，我随河北大学建筑学院的老师到白洋淀去采风，在安新县洞口镇村见到一处大宅院，是国民党员陈调元的宅子，陈调元被称民国十大军阀之一，与吴佩孚、段祺瑞等军阀齐名，后来归顺蒋介石。其先后担任山东省政府主席、安徽省政府主席、国民政府军事参议院院长等要职。这处宅子于1921年开始建设，1935年建成。陈调元于1943年在重庆病逝，而后被追认陆军一级上将。我去的时候，这个宅子当时正在维修，从外面看都是扁砖到顶，很是气派，但是，西厢房的里墙露了出来，里面都是土砖坯。陈调元这样的国民党高级将领建造房子尚且如此，普通民房的建造便可想而知。

白洋淀地区水位低，村民建房有一种独特的习惯，在碱脚上铺上一层芦苇、木条或油毡，从墙外可以看到芦苇或油毡的断面。这样做也是为了防止墙壁向上返碱。

我曾经专门在白洋淀周边拍过一些照片，这里选用三张。

河北保定冉庄墙上的芦苇

河北保定冉庄墙上的芦苇

从这三幅图中可以看出，这种做法非常有效，芦苇、木棍、油毡下面的砖因为反碱，表面酥脆剥落，而上面的砖丝毫不受影响。

河北雄安赵北口西街民居墙壁上的芦苇和木头

　　近些年我到过浙江的很多农村，一些老房子大多也是土墙，有的是用夯筑法建成的，比如新昌、诸暨的一些农村老房子。有些人家为了好看，会在墙面抹一层泥，或者刷上白灰。

　　看到图中的荆条墙，我会想起小时候家乡的建筑，感到十分亲切。现在人们住的是高楼大厦，条件是好多了，但是缺少了农耕时代的自然与温情。

二、两个千年巨变

《清明上河图》反映了中国文化的两个千年巨变：第一个是起居制度的千年之变。在此之前，中国人一直是席地而坐；东汉末年，胡人坐具开始传入中原，唐代高坐具主要应用于皇家贵族层面；到了北宋，中国人彻底实现了垂足坐，不再席地而坐。图中的茶馆、饭店都已经是高坐具，是垂足坐。垂足坐大大减轻了腿部的压力，使得人们更加轻松与舒适。中国是世界文化史上少数改变过起居制度的国家。由于起居制度的改变，家具也带来了巨大的改变，在席地而坐的时代，家具都比较低矮，在垂足坐时代，家具变得高起来，桌子、椅子、凳子开始出现。这些家具在《清明上河图》中非常多。第二个千年之变是城市管理制度的千年巨变。在汉唐时代，中国的城市都是封闭式管理，整个城市被划分为若干坊，这些坊的周围有高大的坊墙，晚上坊墙定时关闭，整个城市实行宵禁。私自翻越坊墙出来活动的，被称为"犯夜"，要打20大棍。城市居民居住区是坊，商业区被称为市。唐代长安分为108坊，有东市和西市，人们想买东西必须到专门的东市或西市去购买，一般是日中为市，很不方便。随着商品经济的发展，人们之间的交易量大增，

高坐具

坊市制度严重阻碍了经济的发展。在晚唐，坊内街道上已经开始出现商铺，但是数量不多。到了宋代，商品经济极度繁荣，坊墙被推倒了，人们临街开店，城市晚上基本上没有宵禁，夜市直到三更才结束，早市五更又开始了，中间的间隔很短，东京几乎成了不夜城，人们的自由度大大提高。城市管理由封闭走向了开放，人们晚间的活动几乎不再受到限制，这是一个城市管理制度的伟大转折，大大提高了城市居民的居住舒适度和自由度。

三、穿越千年的粉壁文化

粉壁上的《商税则例》

在《清明上河图》中，进城门后，路右边有一家机构，就是税务所。这个位置绝佳，是人们来往的必经之地。在税务官员身后的一面墙壁上写有文字，竖幅，字号很大，很醒目，应该是宋代的《商税则例》。这样的墙壁被称为粉壁。粉壁本来是指被石灰粉刷过的墙壁。过去的墙大多是泥墙，表面粗糙，颜色也不好看，于是，人们就发明了用石灰粉刷墙壁的技术。刷过的墙壁十分洁白，显得干净漂亮。政府办公场所、寺院、道观、私人住宅等建筑都大量使用粉壁。我国江南地区的民居中尤其爱用粉壁，黛瓦白墙成为独特的景观。直到今天，在家庭装修中粉刷墙壁仍然是必要的基础性工程。

古代的寺院、道观、官府衙门、

宫殿都要绘制壁画，为了绘制壁画，这些墙面要经过特殊处理，先用麦秸泥或麻刀泥抹一遍，再用细泥抹一遍，最后再抹一层白石灰泥，然后就可以在上面作画了。所谓麦秸泥、麻刀泥，就是把麦秸、麻纤维切成很短的小段，然后撒入泥中搅匀。无论是麦秸泥，还是麻刀泥，都是为了防止墙面开裂。画完壁画以后，作画者往往还要在画上抹一层蛋清。蛋清是一种胶体，干后很结实，可以很好地保护壁画。

古代这种粉壁的用途十分广泛，包括发布政府公告、绘制壁画、供人题诗等。

1. 用于发布政府公告

《清明上河图》中，税务所为什么在墙壁上书写《商税则例》呢？这是国家政策规定的标准行为，目的是防止税务人员吃拿卡要。宋太祖赵匡胤在开国之初就公布了《商税则例》，要求各地政府把这个文件书写到税务所的粉壁上，太祖"诏榜《商税则例》于（商税）务门，无得擅改更增损及创收"。这是典型的政务公开，目的在于防止税务人员擅自增加税额，增加商人负担。商人可以有效监督税务人员的征税行为。所谓榜，就是用大字榜书于税务所的粉壁上。宋太宗沿袭太祖政策，要求进一步扩大公布范围，要在乡村显要处榜书税收政策，"当算之物，令有司件析，颁行天下，揭于版榜，置民宇之屋壁，以遵守焉"。意思是说，《商税则例》除了书写在专门的粉壁上，还可以在临街老百姓家房屋的墙壁上书写。

《清明上河图》中，税务所将《商税则例》书写于墙壁的做法由来已久。据学者们考证，汉代已经有用于书写公告的墙壁，或者供悬挂写有文字的木板。唐代官府有将律令格式题写于墙壁的做法。郡县的墙壁上往往写有记事用的厅壁记，记载机构沿革、人员变更等事项。唐代政府为向民众传达政令，往往选择在人流密集的地方，如驿站、渡口、十字路口等处将政令写在墙壁上，或者写在木板上挂在交通要道处。五代和宋代沿袭了这种做法。

这些用于专门发布政令用的粉壁，相当于现在的布告栏。宋代开始将诏令写在纸上，然后贴在墙壁上。而且宋代雕版技术成熟，部分文告开始雕版印刷，然后在各地粉壁张贴。这样做效率更高，省却了直接在墙壁上书写的麻烦。

宋代粉壁主要分布在县衙署的大门、州县所在地城门、市场、交通要道、递铺、渡口、旅店等处。我们看到图中衙门大门上有一篇布告，和文献记录十分吻合。

宋太宗太平兴国三年（978）发布诏书，禁止农历二至九月捕猎，对于违反者要治重罪，要求"于要害处粉壁，揭诏书示之"。

宋仁宗时期，富弼任青州知州。庆历八年（1048），黄河决口，灾民流离失所，大量灾民聚集青州。富弼采取了一系列救灾措施，其中一项就是开放国有的山林池沼，让灾民自由从山林、水塘找食物充饥。他将这一系列救灾政策书写在村子里道路旁的粉壁上，人人尽知，起到了很好的宣传作用。这就好像是在乡村设立告示牌，将政策公开，"遍于乡村道店内，分明粉壁晓示"，避免下级官员在执行中变了味儿。

南宋高宗绍兴二十六年（1156）六月，高宗同意凌哲的建议，将有关政策"榜之通衢、揭之粉壁，使民通知"。这里明确要求把国家相关政策在交通要道粉壁榜书，以便公众知晓与监督，这是国家制度。

元代也沿袭了宋代的做法，《元典章新集·刑部·总例》有这样的规定："仰所在官司多出文榜，排门粉壁明白晓谕。"

2. 壁画

人们为了装饰墙壁，或者为了达到某种宣传、教育等目的，往往会在墙壁上绘画，这些画在墙上的画被称为壁画。古今中外，壁画数量巨大，品种丰富，不同民族的壁画风格各异。我国历史上皇家宫殿、道观、庙宇、墓室大都在墙壁上绘制壁画。

粉壁用于绘制壁画由来已久。据考古发现，距今4300年的陕西神木石峁寨遗址已经有壁画了，当时的人们用红、黄、黑、橙等颜色绘制几何图案，使用的是毛笔或毛刷。只是不知道这些壁画是不是绘制在粉壁上。据考古发现，商周时期的宫殿也绘有壁画，主要描绘历史上的伟大人物。在殷墟宫殿遗址曾发现壁画残块。周代时期壁画有了进一步的发展，绘画题材也更加丰富，主要描绘圣贤人物、天地鬼神、山川河流等。孔子曾经见过周代的庙堂上绘制的尧、舜等大型壁画。《庄子》中"叶公好龙"的故事就是指宫殿里画了很多龙的壁画，还有很多刻有龙形图案的柱子。20世纪70年代在陕西咸阳秦都宫殿遗址发现宫殿壁画残块，有些还有题记，标明图中人物的身份。从这些残片来看，这些墙壁都是粉刷过的粉壁。

两汉时期壁画的绘制较为成熟，题材更加多样化。甘露三年（前51），西汉宣帝命人将霍光等十一位功臣的人像绘制在麒麟阁的墙壁上，以此表示对功臣的表扬。

这种做法被后世不断效仿。在光武帝刘秀建立东汉的过程中有二十八位大将立过汗马功劳。东汉明帝永平三年（60），汉明帝刘庄命人在洛阳南宫云台阁绘制这二十八位大将的画像，被称为云台二十八将。唐太宗李世民为了表彰开国功臣，命大画家阎立本在凌烟阁绘制功臣像，这就是《凌烟阁功臣像》。

在古代，中国人非常重视死亡，事死如事生，也就是对待死去的人像对待活着的人一样尊敬，一方面在墓葬内随葬大量的器物，另一方面在墓室绘制大量的壁画，描绘死者享受的生活场景。墓室壁画中绘制有庄园图、车马出行图、狩猎图、树木花鸟、西王母、东王公、百戏图、日月星辰、历史故事、宴饮、庖厨、墓主人画像等。墓室壁画题材多样，包罗万象，是研究古代社会生活的重要参考资料。通过考古发掘发现，西汉时期已经有墓室了，在此以前，大多是竖坑墓，没有墓室，当然也就谈不上壁画了。西汉的墓室已经开始有墓室壁画了。汉代以来，很多墓室壁画都是画在粉壁上的，考古发掘出土了很多这样的墓室壁画。考古发现大量唐代的墓室壁画，比如懿德太子墓、章怀太子墓、永泰公主墓、燕妃墓、金乡县主夫妇合葬墓、唐安公主墓、段简壁墓等。这些壁画绘制技术高超，内容丰富，对研究唐代服饰、

唐 佚名"段简壁"墓壁画

建筑、礼制等具有重要价值。

宋代沿袭前代做法，墓室中也有很多壁画。河南省白沙宋墓的壁画中在主人夫妇背后有一面粉壁，上面用草笔示意性写了一些文字。粉壁前面还有四位侍从端着一些器物。

3. 寺观壁画

佛教在东汉时期传入中国，随着佛教在中国的广泛传播，为了宣扬与扩大佛教的影响，各地大修寺院，在寺院中绘制了大量佛教题材的壁画，因而佛教艺术也被大量引进，使中国壁画艺术发生了重大变化，佛教也逐步占有重要地位。中国道教虽然没有佛教发展得那样迅速，但毕竟是土生土长的宗教，在思想上更接近老百姓，在道教的道观里也绘有许多壁画，如山西省芮城永乐宫元代壁画，其中三清殿壁画尤其精彩，共有四百平方米，场面宏大，线条刚劲有力，主神像高达三米，有些衣纹从顶到底一笔下来，十分流畅，酣畅淋漓。

历史上，我国人民很重视孝道，为此建立许多祭祀先祖和英烈的祠庙，在这些场所也绘有大量的壁画。道观和祠庙的壁画更重于世俗内容，反映现实生活较多。这些从现存的壁画中很容易能得到验证，如山西新绛稷益庙壁画、山西汾阳圣母庙壁画、山西洪洞广胜寺水神庙壁画等都有大量的世俗性内容。

中国佛教绘画相传始于三国时的曹不兴（曹弗兴），当时由于佛教盛行，寺院对壁画需求量大，许多

元　永乐宫三清殿壁画朝元图局部

画家投身于佛教绘画的行列中来，后世许多著名画家大都参与过佛教绘画。东晋著名画家顾恺之尤擅佛教绘画。关于他绘制佛像还有一个千古流传的故事：建康瓦棺寺建成后，前来施舍的人捐款没有超过十万的。顾恺之向来很穷，却声言要捐十万钱。这是一笔巨款，许多人根本不相信他能捐如此多的钱，以为他是在说大话。当寺僧要他兑现诺言时，他告诉寺僧，只需准备一面空白的墙壁就可解决问题。随后他闭门绘画达一个月，他绘制了一幅维摩诘像，将要画眼睛时，他告诉寺僧：第一天观看者要施舍十万，第二天观看者要施舍五万，第三日可以自由施舍。开门第一天，寺门打开，只见维摩诘像光彩照人，轰动全城，前来观看的人如潮涌一般，人们争相施舍，顷刻间

便得钱百万。（《历代名画记》）

由于统治者的大力倡导，隋唐时期有许多画家参与到绘制佛教、道教壁画的行列中来，使得寺观绘画的绘制队伍空前壮大，展子虔、郑法士、杨契丹、吴道子、韩幹、尉迟乙僧、阎立本、阎立德、贯休、孙位、周昉等绘画史上的巨匠们，历史文献中都有很多关于他们在寺院中绘制壁画的记载。隋代画家展子虔曾在上都崇圣寺、海觉寺、光明寺等寺院绘制壁画。吴道子曾在资圣寺、洛阳北邙山玄元观老君庙、长安总持寺、兴唐寺金刚经院、慈恩寺塔、景公寺、永寿寺、大同殿、洛阳王宫寺等处绘制壁画。他绘制的壁画多达三百多面墙壁。吴道子的画造型准确，用笔简练，往往几笔就能将人物勾勒出来，并且活灵活现。他的壁画"皆绝妙一时"。《唐朝名画录》对他的道释人物画这样评价道："天衣飞动，满壁生风""虬须云鬓，数尺飞动。毛根出肉，力健有余……巨壮诡怪，肤脉连结，过于僧繇矣。"吴道子因绘壁画而名声大振，每当他作壁画时人们都争相观看，里三层外三层围得水泄不通，人们向寺院施舍的钱帛堆积如山。他画的地狱神鬼阴森恐怖，人们观看此壁画之后，都争相做好事，害怕做坏事进了地狱，市场上的屠户看过壁画后，再也不敢杀猪宰羊，改行做其他工作了。由于画画得好，所以许多关于他的绘画故事被描写得有些离奇。据记载，吴道子曾在大同殿画了五条龙，龙的鳞甲呈飞动之态，每次要下大雨时就生出烟雾。唐代画家《簪花仕女图》的作者周昉曾在章敬寺、禅定寺等寺院绘制壁画。画马高手韩幹曾在宝圣寺绘制壁画，画二十四圣、菩萨、鬼神等内容。（《太平广记》二百一十至二百一十五卷）

《太平广记》卷二十二记载了一个吴道子画壁画的故事。吴道子去拜访一位僧人，僧人很是怠慢，本来就很渴的吴道子要求僧人倒茶，可是僧人就是不倒茶。吴道子决定惩罚这位僧人，于是请求提供笔墨砚台，说要给寺院墙壁画壁画。笔墨备好后，他就在僧人房间的墙壁上画了一头驴。一天夜里，这头驴从墙壁上跑了下来，把僧房的家具都踏破了，屋里的东西弄得乱七八糟，一塌糊涂。僧人知道是吴道子的恶作剧，于是前去找吴道子说好话，要求把墙壁上的驴涂掉。吴道子来后将墙上的驴涂掉，僧房里又恢复安静了。虽然这个故事有些荒唐，但是历史上吴道子确实在寺院画过很多壁画，洛阳、长安的寺院里都有他画的壁画。

唐代画鹤名家薛稷在很多墙壁上留下了他的画作，官署、寺庙、私人宅邸等都有。他在工部尚书厅、成都府衙院画的鹤被称为神品。宋徽宗的瘦金体书法据说就是学习了薛稷的书风，他同时还学习薛稷画鹤的技法。宋徽宗的《瑞鹤图》大家可以在网上找来欣赏。

敦煌壁画规模宏大，共有4.5万平方米，是一座世界艺术宝库。绘制时间起自魏晋南北朝前秦建元二年（366），直到宋元，前后持续了1600多年。其中，唐代是绘制壁画的繁盛期。壁画内容包罗万象，人物、建筑、车辆、农耕、手工业、树木、山石、花卉等，几乎是一座百科全书式的宝库。这些壁画无一例外都是绘制在粉壁上。

五代时期后蜀国主孟昶曾让皇家画院待诏黄筌在新建的八卦殿墙壁上画四时花木、鸟虫、锦鸡、鹭鸶、牡丹等。黄筌自秋至冬，将壁画完成。孟昶很满意，专门让翰林学士欧阳炯撰写《壁画奇异记》记述这件事。

南北朝 敦煌壁画 莫高窟285窟主室东披

　　宋代赵仲僴善于绘画，是皇族画家，灵感来时，只要见到素面的墙壁就随意作画，很有趣味，但是真正向他求画，他却未必答应。他画的壁画大都用色很少，仅仅是轻点几下而已。他曾在华阳郡主王宪家林亭间作壁画《鸳鸯浦溆》，很快画成。他的画还被内府收藏了7幅，可见水平之高。

　　北宋僧人道臻曾专门请文同为寺院墙壁画墨竹。苏轼在《净因院画记》中记载了这件事。我国古代寺院的壁画很多，但是大多是佛教故事画，像这种文人画是很少见的，可惜没有留存下来。

　　北宋时由于崇尚道教，道观壁画盛行，曾出现一大批擅画道教人物的画家。宋真宗、宋徽宗等都崇尚道教，宋徽宗还自称道君皇帝，号令在全国各地大修道观，并令著名画家参与道观壁画的绘制。大中祥符二年，宋真宗令人建玉清昭应宫。宫中壁画由高文进和王道真设计。高文进是北宋皇家画院祇候，与著名花鸟画家黄居寀常列宋太宗赵光义左右。大约是这些人绘制粉本（底稿），然后又招募天下画家，有3000人应试，合格者百余人，其中武宗元名列第一。由这些人根据粉本完成勾线上墙、敷彩等绘制工作。武宗元和王拙为左、右部长，丁朱崖作为监督者。著名的皇家画院画家、微画家燕文贵也参与了壁画的绘制。武宗元是著名的宗教画家，传世的《朝元仙杖图》就是由他绘制的。我国著名画家徐悲鸿收藏的《八十七神仙卷》是此画的临本，原本流落香港。徐悲鸿先生非常喜欢这幅画，专门请人刻了一枚"悲鸿生命"的印章，钤盖在画作上。此画现存北京徐悲鸿纪念馆。

　　有些研究者认为《朝元仙仗图》《八十七神仙卷》都是道观壁画的粉本，也就是绘画的模板或小样。这些粉本大多由著名画家或民间高手绘制，绘画匠人再照着这些粉本绘制上墙。敦煌藏经洞曾经发现一些壁画粉本，有些粉本上有很多的小孔，主要用于将粉本敷在墙上，用粉包在粉本上面不断拍打，白粉就会通过小孔在墙上留下痕迹，然后取下粉本，就会在墙上形成绘画的大致线条，工匠们再沿着这些痕迹勾线，壁画的大致线图就画好了，然后是上色、沥粉堆金等工艺。

北宋 武宗元《朝元仙仗图》局部 私人

唐 吴道子（传）《八十七神仙卷》局部 徐悲鸿纪念馆

关于壁画绘制，古代民间绘画匠人还有很多的发明，他们总结了很多口诀，代代传承，成为民间美术教育的重要组成部分。比如在绘制人像时，他们的口诀是"立七坐五盘三半，一肩三头怀两脸"，意思是以头部的尺寸作为比例标准，站着的人7个头高，蹲坐着的5个头高，盘腿坐着的3.5个头高；两肩之间的宽度是3个头宽，胸口的宽度是2个脸的宽度。这些都值得我们借鉴。南北朝至隋唐时期流行的曹家样、吴家样、张家样、周家样等都是壁画粉本，曹仲达、吴道子、张僧繇、周昉在绢或纸上绘制出小样，绘制壁画的工匠按照小样放大绘制到墙壁上。

4. 题壁诗

我国古代题壁诗很多，大多是题写在粉壁上的。寺庙、驿站、客舍的墙壁都可以题壁诗。唐代在墙壁上题诗是一种风气，也是一种时尚，是文人雅事，也是一种传播手段，过往行人都能看到。同时，也是一种出版行为，是向公众展示、公布的一种行为。而且这是一种免费的出版行为，也是免费的阅读行为。题诗人不讲究版权保护，欢迎传播，盗版更好。这是最早的互动式出版，后来的人可以根据前面人的题诗再和上一首。这些公共场所人流量大，有的人看到粉壁手就痒痒，不题不快。当然，你题上去，墙壁的主人认为不好，还可以再粉刷一遍盖住你的笔迹。尤其是公共场的墙壁如驿站的墙壁，可能更新的频率会高一些。过去，人们出行十分不便，旅途辛苦，这样的一种题壁行为多多少少可以丰富旅行者的旅途生活，增加一些浪漫色彩，减少旅途的寂寞和劳累。

据唐代孙过庭的《书谱》记载，王羲之有一次到都城去，临行前在一处粉壁题诗，他的儿子王献之偷偷擦掉王羲之的字重写了一遍，自己感觉很不错。后来，王羲之回来了，看到粉壁上的字，感叹道："我去的时候真是喝得大醉了。"王献之听后，感到非常惭愧。

唐代有一个十分有趣的旗亭画壁的故事。这个故事虽然不是在墙壁上题诗，也不是在墙壁上画画，但是和诗词与墙壁有关。唐玄宗开元年间，王昌龄、高适、王之涣都是著名诗人，三人名声都很高，难分伯仲。有一次三个人到一家旗亭（酒楼）饮酒，见到梨园伶官十几人正在举办宴会，他们赶忙回避，躲到一边的房间。不一会儿，来了四位非常美艳的歌伎，她们是来歌唱的。于是，王昌龄等人约定：我们三个都很擅长写诗，但是难分胜负，今天，如果谁的诗被歌伎唱得多，就算胜利者。不一会儿，一个歌伎唱道："寒雨连江夜入吴，平明送客楚山孤。洛阳亲友如相问，一片冰心在玉壶。"这是王昌龄的诗，王昌龄随即在墙壁上写"一绝句"。随后，一个歌伎唱道："开箧泪沾臆，见君前日书。夜台今寂寞，犹是子云居。"这是高适的诗，高适随即在墙上写"一绝句"。随后又一歌伎唱道："奉帚平明金殿开，且将团扇共徘徊。玉颜不及寒鸦色，犹带昭阳日影来。"这又是王昌龄的绝句，王昌龄随机在墙上写"二绝句"。王之涣成名已久，有些耐不住，于是对王昌龄、高适说："这几个歌伎都是潦倒伶官，她们唱的都是下里巴人之词！那些阳春白雪的诗词，她们哪里敢唱？"随即指着这几位歌伎中最漂亮的一位说："我们看看她唱谁的诗，如果不是我的，我一辈子都不再与你们二位论高低了。如果她唱的是我的诗，你们俩要拜我为师。"三位诗人边说笑边等待。不一会儿，那位最漂亮的歌伎开口唱道："黄河远上白云间，一片孤城万仞山。羌笛何须怨杨柳，春风不度玉门关。"王之涣非常得意，揶揄其他二位："老土，我没有说错吧！"三人相视大笑。他们的笑声惊动了歌伎们，她们问三位为什么发笑，王昌龄如实相告。歌伎们纷纷施礼下拜："原谅我们有眼不识神仙，请诸君入席。"三人响应，与诸歌伎畅饮一天。

宋代酒楼客栈一般设有一面或多面白色墙壁，供来往客人即兴题诗。客人也可以在所住的房间墙壁上题诗。这些墙壁都是公共场合，具有传播的便利性，是作者自我宣传的一种方式。有些人因为在墙壁上题的诗被人记住、传播而成为名人。

据《能改斋漫录》记载：曾子固（曾巩，字子固，"唐宋八大家"之一）的爷爷曾易占在前往京师的路上，有一天到达江西洪州（今南昌）一处寺院，忽然有感而发，在墙壁上题诗："今朝才见雪泥乾，日薄云低又作寒。家山千里何时到，溪上梅花正好看。"当时，正是夏天，很多人都奇怪曾易占为什么题写一首冬天的诗。然而到了睢阳，曾易占就去世了，他的孙子曾子固载运灵柩回乡又路过这个寺院，正遇到腊月大雪梅花开放。其实这首诗不是曾易占的诗，而是蔡襄的诗，曾易占只是转写到墙壁而已，不想却成为谶语。

白居易的诗被题写在政府机关、寺院道观、驿站的墙壁上。王公贵族、妇女儿童几乎人人都能吟诵他的诗。由此可见白居易的诗受欢迎的程度之深。

李白曾经写过一首题壁诗《题许宣平庵壁》："我吟传舍咏，来访真人居。烟岭迷高迹，云林隔太虚。窥庭但萧瑟，倚杖空踟蹰。应化辽天鹤，归当千岁馀。"

杜甫也有一首题壁诗《题省中院壁》："掖垣竹埤梧十寻，洞门对雪常阴阴。落花游丝白日静，鸣鸠乳燕青春深。腐儒衰晚谬通籍，退食迟回违寸心。衮职曾无一字补，许身愧比双南金。"这里的省是指门下省。杜甫竟敢在中央国家机关墙上题诗？杜甫当时是左拾遗，就属于门下省。唐代机关墙壁谁都可以题诗，并不是特权。

唐代大诗人温庭筠之子，温宪受父亲牵连，感觉前途无望，回到崇庆寺题诗："十口沟隍待一身，半年千里绝音尘。鬓毛如雪心如死，犹作长安下第人！"这首诗正好被陪家人进香的郑延昌看到，读后泪下，回去就向负责录取的官员举荐了温宪，随被录取。

在《水浒传》中有一节是宋江在墙上写反诗。宋江在浔阳楼独自饮酒，酒后有感而发，在墙壁上题《西江月》一首："自幼曾攻经史，长成亦有权谋。恰如猛虎卧荒丘，潜伏爪牙忍受。不幸刺文双颊，那堪配在江州。他年若得报冤仇，血染浔阳江口！心在山东身在吴，飘蓬江海谩嗟吁。他时若遂凌云志，敢笑黄巢不丈夫！"宋江题完诗就走了，不想却被黄文炳黄通判发现，告诉酒店小厮要保护好墙壁和诗文，不能破坏。这是要保留证据。然后，黄文炳到蔡知府那里告密，蔡知府派戴宗前去抓捕，戴宗提前与宋江商量好，让宋江装疯，这样才得过关。在《水浒传》中，梁山好汉张顺为了让神医安道全上山，将与安道全相好的妓女李巧奴杀死，并且在墙壁上写下："杀人者安道全也。"安道全没有办法只好上山。

王安石有《题西太一宫壁》："柳叶鸣蜩绿暗，荷花落日红酣。三十六陂春水，白头想见江南。"

苏轼有很多身份，如诗人、词人、画家、美食家、设计师、医生等，其中他还是一个粉壁控，见到洁白的墙壁就技痒，非要题写一首诗才过瘾。实际上，就相当于今天发一个今日头条或发一个朋友圈。苏轼于神宗元丰七年（1084）由黄州（今湖北黄冈）贬所改迁汝州（今河南临汝）团练副使，赴汝州时经过九江，与友人参寥同游庐山，有感而发，题写在庐山西林寺壁上："横看成岭侧成峰，远近高低各不同。不识庐山真面目，只缘身在此山中。"这首诗成为千古名篇。

《冷斋夜话》记载了一个故事：秦观非常喜欢苏轼的诗，听说苏轼要到扬州来，就在一处古寺的墙壁上模仿苏轼的笔调、语气题诗一首。苏轼来扬州以后，果然来到这个古寺，看到墙壁题诗，十分吃惊，是谁模仿自己的诗风呢？后来在好友孙觉那里读到秦观的诗，才恍然大悟，说："向书壁者，定此郎也。"后来秦观成为苏轼弟子，是"苏门四学士"之一。

蔡襄的老家在福建仙游，他后来定居莆田，当地有一个戴姓家族，是一个名门望族，历史悠久。蔡襄曾经结识戴家一位老夫子，并在戴家墙壁上题诗："长冈隆雄来北边，势到舍下方回旋。三世白土犹醉眠，山翁作善天应怜。如彼发源今流泉，子孙何数鹰马然。有起家者出其间，愿翁寿考无穷年。"大概意思是说，这个家族来自北方，诗书传家，出了很多优秀的人才，希望戴翁长寿。蔡襄的《行书自书诗卷·书戴处士屋壁》也抄录了这首诗。

　　陆游的《钗头凤》就是题写在沈园西壁上的。陆游出于母亲的缘故，被迫和前妻离婚。有一次他与自己的前妻唐婉在沈园偶遇，无限惆怅，信手在墙壁上写下《钗头凤》。由此可见，在他人的园林里游玩，也可以在粉壁上题写诗文。三十八年后，陆游故地重游，此园已经换了三次主人了，面对坏掉的粉壁，无限感伤，又写下了怀旧诗。

　　北宋大相国寺有专供文人题诗的墙壁。王安石改革期间，有人在大相国寺的墙壁上题诗："终发荒芜湖浦焦，贫女戴笠落柘条。阿侬去家京洛遥，惊心寇盗来攻剽。"据苏轼解释，这里隐藏了"安石误国贼民"的意思。想来这位题壁人胆子也够大的，竟然敢公开讽刺、谩骂宰相王安石。

　　盗贼也写题壁诗。宋代话本《宋四公大闹禁魂张》中有一位盗贼郑州人宋四公，盗窃开封禁魂张以后，提笔在墙壁上写了一首诗："宋国逍遥汉，四海尽留名。曾上太平鼎，到处有名声。"从诗文来看，他在墙壁上题诗不止一次，可能是经常这样做。

　　粉壁本来只是一面粉刷过的墙壁，因为有政府公告、壁画、题壁诗，遂成为一种文化景观，多少世事沧桑、诗情画意被记录在粉壁之上。但是，随着历史烟云的消散，这些东西也都灰飞烟灭了。好在《清明上河图》为我们留下了一份珍贵的记忆，让我们还能追寻这一文化现象的踪迹。

第六章
自强不息：商业发达的宋代社会

　　宋代其实是一个非常矛盾的时期，一方面宋代边疆强敌环伺，周边民族政权活跃，立国艰难。宋代的疆域是中国古代主要朝代中面积最为狭小的。另一方面，宋代的民众、士人、将士等，有着强烈的忧患意识，如范仲淹的"居庙堂之高则忧其民，处江湖之远则忧其君。是进亦忧，退亦忧。然则何时而乐耶？其必曰'先天下之忧而忧，后天下之乐而乐'乎"就深刻地体现了宋代士人的初心和信念。他们在这个复杂的环境中用自己的脊梁撑起了这个时代。"自强不息"，正是这个时代的最好写照。宋代的文化、经济、科技等方面都取得了杰出的成就，特别是经济发展达到了中国古代的高峰，在当时居于世界前列。宋代改变了"农本工商末"的传统观念，给了百姓足够宽松的营商环境，也由此形成了一个商业发达的宋代社会，让老百姓过上了相对富足安稳、丰富雅致的生活。

一、街道——宋代的外在文化景观

"街"字甲骨文写作""，是一个十字路口，一条宽阔的街道，两边有两条小路与之交叉。"街"在金文中写作""，中间是一个"圭"字。圭是一种比较坚硬的美玉，这里表示街道平整。街一般是指宽阔的道路，两侧都有房屋。无论是乡村还是城市都必然有街道。

《清明上河图》中有很多条街道，其中最主要的是贯通城门、城内、郊外河边的大街。这条大街占据了全图三分之二的长度。大多数酒店、税务机关、护城河桥、衙门、茶馆、酒店、旅店、诊所、饮子铺、车辆等都位于这条大街的两边。大街两旁的建筑连绵不绝，十分密集。这是一条横长的街道。

这条街道非常好看，以直线为主的建筑和圆形的遮阳伞形成一种对比，也是一种线的协调。建筑物之间起承转合非常自然，连绵的屋顶有一种韵律

弯曲的街道

河对岸的街道

感，让人看了感到非常舒服。树木参差错落，高高低低，有聚有散，疏密得当。行走的人、车马、骆驼又赋予街道以活力。有些与之交叉的街道弯弯曲曲，使得街道的线条富于变化，不呆板。

从赵太丞家开始，一直到运河边的十千脚店，沿街两边几乎都是店铺、旅店、医馆等，仅仅衙门一段除外，大门两边是高高的院墙，而不是商铺等。当然了，官府讲究等级与地位，不在乎商业收入。

同时，还有几条纵的街道，与这条主街道形成十字交叉。

其实河对岸还有一条长街，基本和主街道平行，只是由于透视关系被遮盖住了，只在部分路段显示出来。这条街道从挂有三角小彩旗的饭店开始，直到大河拐弯河景消失的地方，其长度也接近画面总长度的一半。这条街道时隐时现，带有几分神秘感。可以推想，它的繁华程度不会比主街道差多少。这条街道通过虹桥与主街道相连。

五代以来，由于坊墙被拆掉，商铺可以临街开设，街道变得更加繁荣，也更加好玩，于是就有了逛街行为。我们看到在孙羊正店门口，两位妇女正在一个花摊前谈价钱，抱着孩子的女人可能是侍女，后面还有一位男士，把孩子驮在肩膀上。这些人显然都在逛街。尤其是清明节前后，政府放假三日，人们都出来感受街市的繁华。逛街也只有在临街开店的时代才会有。在

宋　佚名《大驾卤簿图》局部

汉唐坊市制度下，大街两边都是高大的坊墙，逛街变得毫无意义。宋代人可以在街上无目的地闲逛，看看各色的行人、牛车、马车和西域来的骆驼队，看看各种店铺，还可以买一点水果、点心，或者其他小吃，可以到勾栏瓦舍听听说书，看一些傀儡戏、皮影戏，到城门外护城河桥上看看河里的游鱼，还可以听一听各行各业小贩的带有各种韵律的吆喝声。

1. 两京御街

北宋东京御街，也被称为天街，是一条南北主干道，皇帝每三年举行南郊祭天的仪式，都是通过御街。流传至今的宋代《大驾卤薄图》描绘的就是皇家仪仗队经过御街的情形。那种阵势一般街道根本无法承担。最宽处有14匹马并排而行，浩浩荡荡，庄重威严，确实是皇家气派。

据孟元老的《东京梦华录·御街》记载："坊巷御街，自宣德楼一直南去，约阔二百余步，两边乃御廊，旧许市人买卖于其间。自政和间官司禁止，各安立黑漆杈子，路心又安朱漆杈子两行。中心御道，不得人马行往，行人皆在廊下朱杈子之外。杈子里有砖石甃砌御沟水两道，宣和间尽植莲荷，近岸植桃李梨杏，杂花相间，春夏之间，望之如绣。"

200余步相当于现在的100～140米，街道很宽，两边有廊子，下面有很多商铺。两廊之外设黑色杈子。所谓杈子，就是隔离的栅栏。在《清明上河图》中，孙羊正店的廊子下设有红色杈子。路心设朱漆杈子两行，中间是皇帝专门通道，一般人不得通过。但是遇到节日也会对平民开放。新科状元也可以享受走御道的殊荣。两廊外边种有各种树木，有桃树、杏树、李子树、梨树等，每年三四月桃花、杏花、李子花开放，很是美丽。这些树木是行道树。唐代长安的行道树是槐树，隋唐洛阳的行道树是石榴、樱桃。相对于隋唐的行道树，宋代东京御街两边的行道树品种丰富，更富于观赏性。

御街两边有专门用砖石砌筑的排水沟，宋徽宗宣和年间，沟内还种植荷花，夏日荷花开放，十分美丽，碧绿的荷叶与荷花对街道都是一种美化，荷塘溢出的清香也会在御街两边弥漫，让人有一种味觉的享受。

孟元老在《东京梦华录·序》中又说御街："举目则青楼画阁，绣户珠帘。雕车竞逐于天街，宝马争驰于御路。金翠耀目，罗绮飘香。新声巧笑于柳陌花衢，按管调弦于茶坊酒肆。"柳陌花衢是指妓院聚集的街道。按管调弦泛指演奏乐器。这样的繁华都体现在街市中，人们通过街道看到了京城的繁华。

东京御街两侧分布着很多主要的机构，东侧有大相国寺、景灵东宫、都进奏院，西侧有景灵西宫、开封府、尚书省、御史台。隋唐时期的中央政府机构大多设在宫城里面，宋代的中央政府机构有不少设在宫城以外，与

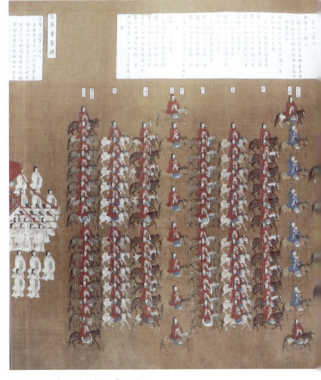

宋　佚名《大驾卤簿图》局部

民居、商铺杂处。

每年元宵节，开封府在宣德门前的御街上搭建山棚，有很多人聚集在御街边的两廊下，各种蹴鞠、走索、上杆、吞铁剑、药发傀儡、猴戏等表演不绝。在搭建的灯山上，用辘轳提水，将水储存在大木柜中，随时放下，像瀑布一样。在高达数丈的杆子上，绑扎纸糊的百戏人物随风转动，像飞仙一般。宣德楼上设有御座，皇帝就坐在上面与民同乐。楼下专设乐棚，演奏各种音乐。

州桥以南直至朱雀门的御街夜市是最著名的。这里摊贩林立，贩卖各种小吃，比如甘草冰雪凉水、荔枝膏、杏片、梅子姜、莴苣笋、香糖果子、野鸭肉、野兔肉等，各种叫卖声此起彼伏，热闹非凡，每天晚上三更才结束。这是一条典型的不夜街，是各色吃货的好去处。州桥夜市成为当时东京人的网红打卡地，外地人到东京如果不去州桥夜市是一种遗憾。

《水浒传》中的英雄们在宋江的率领下曾经在元宵节到东京御街赏花灯。宋江说自己从来没有去过京师，现在正是闹花灯的时候，想带几个兄弟前往。征得大家同意，随后带着柴进、史进、穆弘、武松、鲁智深、朱仝、刘唐、燕青、李逵到了东京。在东京小御街见到李师师，央求李师师向宋徽宗讨一个诏安赦书。这里的小御街，是李师师住的地方，因为徽宗常来这里私会李师师，故被称为小御街。

南宋御街自皇宫北大门和宁门开始，直到景灵宫。景灵宫是皇帝家庙，每三年祭祀一次，仪式非常隆重。这条御街宽度远不如东京御街，方向也和东京御街相反。东京御街自皇宫南大门开始一路向南，直达外城南薰门。而南宋御街自和宁门开始一路向北，穿过朝天门，直到景灵宫。这种向北行的御街在历史上恐怕是较为少见的。

南宋御街宽度为五丈，约合15米，与东京御街在宽度上差了很多。东京御街宽度是100～140米。2004年杭州市严官巷发掘出一段御街，御街宽度为15.3米，分为主道和辅道，中间为主道，两侧为辅道，街面用香糕砖铺砌，并不是如史料记载的石板路。有专家推测，石板路历史上可能确实存在，后来不知何故去掉了。无论如何，砖砌路面要比土路好很多，起码不扬尘，干净卫生。而北宋时期的御街经常要洒水降尘。南宋御街没有绿化带，也没有专门的御道，这一点很人性化。赵构逃到杭州，作为临时驻地，大概是因陋就简，没有大拆大建。包括皇宫大门和宁门向北开，历史上也属少见。

南宋御街南端是指和宁门至朝天门段，这一段主要是国家机关所在地，也是重要官员居住聚集地。中段自朝天门开始直到官巷口，是临安的商业中心，两旁店铺林立，有很多名店。同时也是餐饮中心，各种酒类饭店、钱庄、丝帛铺云集于此。这一段也是娱乐中心，南瓦、北瓦、中瓦都在这一段。北段从官巷口至观桥，是书籍印刷中心，各种书铺汇集于此。同时也是教育中心，礼部贡院、别试院、太学、宗学都在这一段。这一段也有一些著名的酒楼和娱乐中心。

南宋御街虽然窄了一些，但是其繁华程度一点也不亚于东京御街。辛弃疾的《青玉案·元夕》中描绘临安元宵夜市，是一种都市街道的夜景，"东风夜放花千树。更吹落、星如雨。宝马雕车香满路。凤箫声动，玉壶光转，一夜鱼龙舞"。满街的花灯，满天的烟花灿烂，宝马雕车过后，留下一路的芳香。满街笙歌不断，一轮明月高悬，鱼灯、龙灯穿梭舞动。也许还有一种偶遇："众里寻他千百度。蓦然回首，那人却在，灯火阑珊处。"这句话太形象了，后来被王国维先生写进人生三境界说中。

2. 专业街

在坊市制度下，无法形成专业的街巷，每个坊都是封闭的，无论是东市、西市、南市、北市都是事先规划好的，与坊是隔离的，不能混杂。五代至宋坊市制度开始衰微，人们可以沿街开店，坊墙被拆除了，才出现专业街巷。

在《清明上河图》中，汴河两岸有两条大街，这两条大街酒店、茶馆、饭馆林立，是典型的饮食一条街。来往船只上的船工、商人、马夫、挑夫、车夫、码头苦力都需要餐饮，这是一种市场需要。

宋代开始出现同一个专业在某些街巷聚集的现象，比如东京汴梁有马市、牛市、鹌子市、药市、竹竿市、米行、果子行、姜行、水果行等，形成了专业市场，这些专业市场也被称为"行""团"。这种专业聚集的现象，也就是老百姓说的同行扎堆，部分街道成了专业街，比如鱼市每天早晨主要集中在新郑门、西水门、万胜门附近街道，医药铺主要在马行街北，等等。皇城东南方向潘楼街的界身巷是著名的金银丝绸一条街，两边建筑巍峨雄壮，场面壮观，每一笔交易数量都很巨大，动辄千万钱，"屋宇雄壮，门面广阔，望之森然，每一交易，动即千万，骇人闻见"。（《东京梦华录》）

宋 赵佶《鹰犬图》 台北故宫博物院

潘楼街除了是丝绸一条街以外，还是鹰鹘一条街，贩卖鹰鹘的人都在此聚集，街南的鹰店只供贩卖鹰鹘的人居住。据《东京梦华录》记载："东去乃潘楼街，街南曰'鹰店'，只下贩鹰鹘客。"北宋皇家贵族玩鹰的人很多，带动民间玩鹰风气。鹰鹘主要用来狩猎野兔，尤其是在冬闲季节，田野里遮蔽物很少，兔子藏身地少，再配合猎狗，猎兔较为容易。据王明清《挥麈录》记载，宋太宗淳化三年（992）西夏曾派专使进贡海东青，但是被太宗婉言退回了。辽朝、金朝皇帝都非常喜欢海东青。海东青是产于辽东的一种小型鹰类，非常凶猛，能够猎获天鹅。宋徽宗宫廷里养了很多鹰鹘，他还画了很多鹰图。但是，这些鹰多数都是拴着绳子的，落在专门的架子或石头上。雄鹰本该翱翔于天空，被拴上华美的绳子，尽管衣食不愁，但总让人感到有几分的悲凉。

十多年前，我曾经在河北石家庄以北滹沱河干涸的河床边看到一位老人玩鹰，鹰的视力十分敏锐，一旦发现兔子，就会猛扑过去，很快就能抓住野兔。没有野兔的时候，它们会老老实实站在玩鹰人的手臂上。玩鹰人手臂上戴着一个厚厚的棉套，防止鹰爪抓伤自己。

东京皇城南门外西大街名叫"曲院街"，这里有正店遇仙楼，生产银瓶酒和羊羔酒两种美酒。羊羔酒唐代就有了，在酿制的原料中添加了羊羔肉，据说味道鲜美。

东京汴梁马行街是医药一条街，这条街上有很多药铺、医馆等。《东京梦华录》记载：马行街北"两行金紫医官药铺，如杜金钩家、曹家独胜元、山水李家口齿咽喉药、石鱼儿班防御、银孩儿柏郎中家医小儿、大鞋任家产科"。

相国寺街、保康门街以东都是客店，这个区域位于汴河南岸，南面直到内城城墙，南来的官员、士子、客商大多在这里的客店居住。这里出行方便，是典型的旅店聚集区，还有各种货栈、仓库等。

潘楼向东直到十字街，被称为"土市子"，又叫"竹竿市"，听名字就知道是以销售竹货为主的街道，大运河的船只将南方的竹子运到东京，这条街就是各种竹货的集散地。北宋政府设计专门机构征收大运河运来的竹竿、木材税。

相国寺南录事巷是专卖尼姑绣品的地方，是卖尼姑绣品的专业街道。同时，这个巷子还是妓院聚集的地方，是妓馆一条街。相国寺北的小甜水巷也是妓院林立。在大相国寺这样一个佛门净地的南北有两条妓院一条街，确实匪夷所思。不仅如此，御街东朱雀门外，西通新门瓦子以南杀猪巷，也是妓馆一条街。由土市子向北是马行街，十字路口向东是东鸡儿巷，向西是西鸡儿巷，都是妓院一条街。在宋朝，妓院是合法的，难怪有这么多妓院一条街。

据北宋苏象先《丞相魏公谭训·杂事》记载，在曹门外有一条巷子，家

图中的寺院

家都从事专门剥莲子的业务，把莲子肉卖给果子市场，这些莲子主要来自梁山泊，每年夏末都有百十车莲子送到这个巷子。

朱雀门外御街以西有一个杀猪巷，应该是屠宰一条街，每天从南薰门被赶进来上万头猪，这里靠近南薰门，于是形成专门的屠宰一条街。

大相国寺每逢初一、十五有集市，逢三、八也有集市，一个月中大概八天有集市，仅两廊和主殿前的大院就能容纳上万人，所以被称为"万姓交易"，市场内也被分成各个专业区，有图书区、百货区、果品区、服装区、土产区、香药区、算卦区等。

南宋临安专业市场更加多样，有药市、花市、珠子市、米行、柴炭行、冠子行、蟹行、猪行、菜行、鹅鸭行、布行、鲜鱼行、菱市、青果团、柑子团等。据吴自牧的《梦粱录》记载，南宋临安有很多丝绸铺，如陈家彩帛铺、市西坊北钮家彩帛铺、清河坊顾家彩帛铺等。南宋临安形成了很多专业市场，如当时有"东门菜，西门水，南门柴，北门米"的谚语。这些大宗生活用品批发市场大多在城门附近，这里交通便利，人流量大，自然形成市场。

宋代鲜花消费量巨大，鲜花娇贵，容易凋零，于是人们开始制作假花，用绢、纱制作，给鲜花种植业者带来巨大挑战。宋代人造花如绢花等消费量巨大，临安官巷是制作销售人造花（仿生花）的专业街，其中齐家花朵铺和归家花朵铺最为知名。（《梦粱录》卷十三"团行"）

南宋《临安志》记载临安还有一个豆腐巷、豆腐桥，应该是做豆腐的作坊比较集中的地方。

折扇本来产自日本，在北宋中期以前十分难得，但是后来传入的折扇越来越多，而且本土制作逐渐多了起来，在南宋临安还形成了扇子产业一条街，地点就在清河坊等三个坊。著名的有周家折叠扇铺、陈家画团扇铺。还有专门修理扇子的店铺，比如更换扇骨等。

宋代苏州"城市商业更加兴盛，市场分工日趋细化，苏州城内外形成商业中心和专业市场，纸廊巷、豆粉巷、米巷、药市街、金银巷、醋坊巷、丝行桥、靴鞋桥等地名，就留下了当时手工业生产和市场分工的痕迹"。（王稼句著《锦绣吴市：苏州商市史话》，古吴轩出版社，2022年1月版，4页）此外还有嘉鱼坊（鱼行）、船坊巷（造船）、东打绳巷（制作绳子）、同坊巷（铜器）、黄牛坊桥、大酒巷、草鞋桥（草鞋）、胭脂桥、吉油巷（油市）、鹅阑桥（卖鹅鸭）、珍珠巷、巾子巷、红炉子桥（卖红炉子）、乐鼓巷（音乐器材）、绣线巷、毛毡巷（卖毡子）、石灰巷（卖石灰）、砖桥（卖砖）、勾栏巷（妓院）、马黄桥（弓箭）、弹子巷（弹子）等，（王稼句著《锦绣吴市：苏州商市史话》，古吴轩出版社，2022年1月版，28—29页）各行各业几乎都形成了专业市场。这是商业和制造业发达的表现之一，便于各地商贩批发转销。其他城市专业市场的形成原因大致如此。

宋代的广州城，也有很多专业街，如玉器街、米市街、象牙街、玳瑁街、绣衣街、书房街等，这些街市大多经营批发生意，各地的商贩都知道到哪一条街采购什么东西。为了适应这种同业聚集的状况，宋代产生了各种行业协会，这些行会协调内部质量标准，应对政府摊派，制定行业规则，协调行业价格和雇工条件，等等。南宋将行业协会称为"团行"，如南宋临安有梳行、鱼行、蟹行、姜行、菱行、猪行、菜行、布行、鸡鹅行、古董行、香水行等。这是商业和手工业发达的表现。

这种专业市场在后世的城市中广泛存在。比如位于大运河与黄河交汇口的山东张秋镇，有锅市街、米市街、糖市街、纸店街、缸市街、席市街、柴市街、北笔市街、果市街、竹竿巷等各种专业街巷。据道光重刊嘉庆《高邮州志》记载：高邮有"东台巷故衣市，上坝杂货市，西门外祠庙、月塘馆驿前俱米、面、杂粮市，东群场牛马市，马家河果品市，新塘河果品市，天王寺竹木市，石桥罗缎市，梨木巷农具市，小北门猪畜市，坛巷羊畜市，庙桥鱼蟹市，三里桥缸坛市，蛤蜊坝蒲草市，东河、下河俱草市，新桥生药、坛酒市，胡嘴灰炭、杂货市，多宝楼桥毡货市"。（李文治、江太新著《清代漕运》，社会科学文献出版社，2008年10月版，388页）

大运河重要码头淮安是南北分界点，这里的一些街道名也反映了专业街巷的情况，"比如古东米巷、钉铁巷、粉章巷、竹巷、茶巷、花巷、干鱼巷、锡巷、羊肉巷、绳巷之类。并且有专门销售某种商品的市场，如米市、柴市、姜桥市、古菜桥市、兰市、牛羊市、驴市、猪市、冶市、海鲜市、鱼市、莲藕市、草市、盐市等"。（李文治、江太新著《清代漕运》，社会科学文献出版社，2008年10月版，389页）

山东济宁是运河重镇，南通江淮，北接幽燕，有"船厂街、打铜街、炉坊街、竹竿街、篦子街、油篓街、打绳街、烧酒胡同、纸坊街、粉坊街、香铺胡同、曲坊街、皮坊街、揭褙街等"。（李文治、江太新著《清代漕运》，社会科学文献出版社，2008年10月版，391页）

山东临清有锅市街、碗市街、马市街、牛市街、果子巷、白布街、油篓巷、箍桶巷、皮巷等。

3. 东京街道都是土路

也许你不相信，北宋东京御街在文人笔记中尽管被描写得气势雄伟、繁华无比，但它是一条土路，而南宋的御街却是一条石板路。

北宋东京汴梁街道归街道司管理，街道司隶属都水监。每逢皇帝外出，街道司都要派兵洒水并整理街道。汴梁风沙大，且东京的道路都是土路，如果不洒水就会扬尘。就是一些贵族官僚出行，也要有专人负责洒水。据《东京梦华录·公主出降》记载，皇家公主出行，在仪仗队中专门有"数十人，各执扫具、镀金银水桶，前导洒之，名曰'水路'"。据南宋周辉的《清波杂志》卷二《凉衫》记载："旧说汴都细车前列数人，持水罐子洒路，过车以免埃蓬勃塕（尘埃）蓬勃。江南街区皆甓以砖，与北方不侔。"（周辉撰，刘永祥校注：《清波杂志》卷三《钱塘旧景》，中华书局，1994年点校本，53页）如果是砖石路，洒水就没有必要的。

从张择端《清明上河图》中的街道也可以看出，北宋汴梁的城市道路是土路，如果是石头铺路，张择端是不会这样画的。我们都知道大唐长安十分兴盛发达，唐代长安道路南北向11条街，东西向14条街，最宽的丹凤门大街宽176米，中央大街朱雀大街宽达150米，而现在的北京长安街只有120米宽。长安道路虽然很宽，但令人想不到的是都是土路，为防止下雨泥泞，在路面

街道是土路

铺一层沙。有位唐代诗人半是赞叹地写道："长安大道沙为堤，早风无尘雨无泥。"

但是，宋代南方的一些城市的道路多用石头、砖铺路，杭州、苏州、绍兴、镇江、嘉兴等城市是砖石铺路。南宋皇城北门和宁门向北直到景灵宫为止就是御街，据《咸淳临安志》记载，御街是用石头铺就的，共使用35300多块。后来还不断修补。

南宋临安其他很多路面都是砖石砌筑，吴自牧在《梦粱录》中说："向者汴京用车乘驾物运，盖杭城皆石板街道，非泥沙比，车轮难行，所以用舟楫及人力耳。"（吴自牧《梦粱录》卷一二《河舟》，浙江人民出版社，1980年排印本，113页）当时的苏州，不仅大街铺砖石，就是小街小巷也用砖石铺路。此外，四川、两湖、福建、两广也都有砖石铺路的记载。（包伟民《宋代城市研究》，中华书局，2014年7月版，294—295页）

北方城市道路发展一直不如南方，直到清代北京路面大多数还都是土

清末北京土路

路。据学者们研究发现，清代北京城有四条石板路：一条是从永定门至正阳门的，这是皇帝祭天去往天坛的路；一条是卢沟桥到广安门的道路，这是一条官道，是中原地区进入北京的门户，据说这条道路花费85万两白银；第三条是从西直门去圆明园、颐和园的道路。还有一条是朝阳门至通州的道路，这是南方漕粮进京和皇帝南巡的通道。其他大多数道路都是土路。皇帝出行都要撒黄土、洒水。1793年马戛尔尼使团来华，他们发现"北京街道都是土路，需要经常洒水以免灰尘飞扬"。（刘潞、[英]吴芳菲编译《帝国掠影：英国访华使团画笔下的清代中国》，中国人民大学出版社，2006年12月版，119页）20世纪初，有些外国人拍的北京照片中可以见到路面尘土飞扬，遇雨则泥泞不堪。《乾隆南巡图·过德州》中有洒扫的场面。清代北京的阜成门外大街沟壑很深，泥泞不堪。

直到清代末年，北京的道路还需要洒水。美国人西德尼·甘博在北京拍下了工人正在给道路洒水的场景。

北京道路洒水　西德尼·甘博拍摄　1924-1927

4. 侵街问题

东京汴梁一直面临着侵街问题，给城市交通带来不便，开封府负责拆除侵街建筑。宋代由于坊市制开始逐渐没落，坊墙被推翻，居民住宅直接面向街道，有些强悍者就开始侵占街道公有的面积。现在的农村还有不少这样的人，每一次盖新房，都要把墙基外移。一些权贵仗着自己的特权更是无所畏惧，大量侵占街区面积。没有办法，每隔一段时间，政府就要专门清理一次。《续资治通鉴长编》卷一五记载，咸平五年二月："京城衢巷狭隘，诏……谢德权广之。德权既受诏，则先毁贵要邸舍。"卷七九记载："京城民舍侵占街衢，限一岁依原立表木毁折。"这里的表木是政府专门为防止侵

侵街的棚子

侵街的棚子

虹桥上侵街摊位

街而设立的街区公共面积与民宅的界限标准。有些人家不顾表木的存在，越过表木加盖新房，当然应该拆除。但是，过一段时间又死灰复燃，侵街如故。

侵街实际上是一种人性的表现，有的人规规矩矩，严格守着界限，不越雷池一步；有的人总想占小便宜。

我们看到图中的很多摊位是侵街的，有些遮阳篷明显搭在了公共区域。虹桥桥面本来就不宽，却有很多摊位，造成桥面拥堵。宋代政府也曾多次禁止在桥面摆摊，但是屡禁不止，《清明上河图》中虹桥部分就是很好的例证。

街道是居民区的交通要道，无论是城市还是乡村都要有街道，城市的街道更宽一些，农村的街道因为通行压力不大，一般不宽。城市街道往往都有规划，街道整齐划一。皇家御街尤其气派，显示皇家威仪。农村街道往往自然发展，弯弯曲曲。街道是一种人文景观，通过建筑、行人反映一个居住区的人文精神。同时街道也是一种生态，是人与动物、植物的一种生态组合，人们在街上行走、就餐、交谈、购物、观景等，树木在街边生长，牲口在人的驱赶下干着不同的活计，不同等级的建筑代表了居住区各个阶层人的身份与地位。街道既能反映居住区人们的审美时尚，也能够反映居住区的活力和生机。从《清明上河图》中的街道，我们看到了东京街市的繁华，看到了北宋经济的活力，也看到了东京人的审美。河流在一定意义上可以看作水上的街道，它具有街道所有的一切功能，只不过水上街道的人们不是骑马、步行、乘车，而是乘船。

运河两岸的村庄、市镇大多是沿运河发展道路，也就是沿着河流的走势来发展。不讲正南正北正东正西，现在卫河（唐宋北运河）上大名县的娘娘庙、金滩镇、营镇等都是如此。过去这些村镇餐馆、客栈居多，为运河上往来的船只服务。

街道用于通行，是一种建筑景观，不同时代的街道带有各自时代的特征。同时，街道也是社会精神、文化、财富的外在表现，我们通过街道可以看出一个时代的精神风貌、文化发展、经济的繁荣与衰退。《清明上河图》中的街道繁华、热闹，体现了宋代社会的富足与安定。

二、宋代店铺命名方式

店铺名字是店铺的招牌，好的名字不用宣传，就会传播四方。不好的名字，商家费尽力气，传播效果也不好。宋代是一个高度发达的商业社会，人们的商业意识非常强。通过《清明上河图》的店铺名字也可以了解宋代商业社会的一些端倪。

1. 以店主姓名命名

图中仅有的几家能够辨识出名字来的店铺大都是以店主姓名来命名的。这几家店铺几乎都在城里大十字街附近，比如"杨家应症""赵太丞家""久住王员外家""刘家上色沉檀拣香""李家赎买口"。唯一一家正

久住王员外家

刘家上色沉檀拣香

店"孙羊正店"估计也是姓孙的和姓羊的联合开设的。城外的"王家纸马店"也是如此，等等。宋代以前，交易都要在专门的市场内举行，不准沿街开店。宋代沿街开店已经成为普遍现象。这些沿街店铺需要名称。

据《东京梦华录》记载，京城内有唐家金银铺、梁家珠子铺、李家香铺、王家香铺、曹婆婆肉饼、李四分茶（分茶就是大型饮食店）、薛家分茶、张家油饼、桑家瓦子、朱家桥瓦子、孙殿丞药铺、刘家药铺、唐家酒店、唐家金银铺、余家染店、丁家素茶、宋家生药铺。药铺、医馆也大多以姓命名，比如马行街的杜金钩家、曹家、山水李家等。被誉为京城第一的馒头店——万家馒头也是以姓来命名的。被誉为京城第一的瓠羹店史家瓠羹，也是以姓来命名的。所谓瓠羹，就是用瓠叶熬成的汤。瓠，类似葫芦一样的植物。

吴自牧《梦粱录》也记载了大量这样的店铺名字，比如陈家彩帛铺、舒家纸扎铺、周五郎蜜饯铺、张家生药铺、徐家纸扎铺、凌家刷牙铺、孔家头巾铺、张卖食面店、张官人诸史子文籍铺、俞家七宝铺、张家元子铺、徐茂之家扇子铺、陈直翁药铺、梁道实药铺、钱家干果铺、傅官人刷牙铺、杨将领药铺、沈家白衣铺、徐官人幞头铺、钮家腰带铺、钮家彩帛铺、张家铁器铺、张古老胭脂铺、徐家绒线铺、阮家京果铺、俞家冠子铺、冯家粉心铺、染红王家胭脂铺、顾家彩帛铺、季家云梯丝鞋铺、李官人双行解毒丸、李家丝鞋铺、孔八郎头巾铺、戴家麙肉铺、朱家裱褙铺、朱家元子糖蜜糕铺、尹家文字铺、陈妈妈泥面具风药铺、毛家生药铺、柴家绒线铺、姚家海鲜铺、朱家馒头铺、杨三郎头巾铺、戚家犀皮铺、游家漆铺、邓家金银铺、汪家金纸铺、彭家温州漆器铺、郭医产药铺、飞家牙梳铺、盛家珠子铺、刘家翠铺、宋家领抹销金铺、周家折揲扇铺、陈家画团扇铺等。

这种店名很多来自群众的命名，实际上在宋代很多店铺是没有名字的，直到今天，街里的很多早摊点没有名字，人们习惯上就会根据店主的姓名来称呼这些店铺。在《清明上河图》中很多店铺没有名字，比如有棕盖车通过的十字路口左上角的茶馆、茶馆对过的小饭店、修车铺、修车铺边上的烧饼铺、虹桥头的馒头铺等，都是没有名字的，但是街坊四邻会给它们起一个名字，这些名字往往带有店主的姓名，再加上所经营的商品或从事的服务类别，比如曹婆婆肉饼等，这种称谓不用费力，张口就来，习以为常，慢慢地店主也就接受了。

有些店铺名字不是店主名字，而是店主的外号，大家叫习惯了，名声也有了，于是就成为正式名称了。也许店主开始还不一定高兴被这样叫，但是成了品牌以后，他们也乐得这样叫。这些外号朗朗上口，特征鲜明，有利于传播。比如"孙好手馒头"，看来店家蒸馒头确实有一套，被居民们称为"孙好手"。这显然不是他自己起的名字，而是周围居民给起的名字。这样的店铺开始可能没有名字，农村集镇这样的馒头铺、油条摊大多没有名字。由于做得好吃，形成口碑，大家就给了一个名字。

中国历史博物馆藏有一块刘家针铺铜版，上书"济南刘家功夫针铺"字样。宋金瓷器也广泛采用这种命名模式，如"张家枕""裴家花枕""杜家花枕"。一些铜镜作坊亦是如此，湖州是著名的制镜中心，私家铸镜比如"湖州徐家""湖州李家""湖州陆家""石二郎""石三郎"等。

南宋杭州有"宋五嫂鱼羹""俞七郎茶坊""蒋检阅茶坊"。这里除了姓氏，又加上了店主在家里的排行或者官衔。

这种命名方式更符合大家的认知习惯，谁家开的店，就用其姓加上行业

金代岩山寺壁画酒旗广告

来称呼，直截了当，便于记忆。

这是一种商品意识，也是一种广告。山西繁峙岩山寺金代壁画也有不少风俗画的内容，其中有一家酒楼，高高地悬挂一面酒旗，上面广告文字非常精彩，上书："野花攒地出，村酒透瓶香。"壁画有题记，画工为王逵、王道、王辉、宋琼、福喜、润喜等。说明那个时代，人们已经非常重视广告。

也有的以位置命名，比如杭州"铁线巷笼子铺"，显然，这家笼子铺在铁线巷。又如"水巷桥河下针铺"，这家针铺显然在水巷桥附近。

2. 艺术化的命名方式

以姓名命名是早期店铺的主要命名方式。但是也有艺术化的命名方式，比如"十千脚店"，十千指代美酒，这里就没有出现店主姓名。这是个性化、艺术化的名称，是一种升级版的店铺名称。比如《东京梦华录》记载的东京的"丰乐楼""长庆楼""和乐楼""熙熙楼客店""集贤楼""八仙楼""莲花楼""欣乐楼""太平楼""状元楼""会仙楼""清风楼酒店""无比客店"等，这些名字含有吉祥寓意。"丰乐楼"名字中有丰收和快乐之意，这是大家都喜欢的名字。丰乐楼原名白矾楼，是东京最为豪华的一座酒楼，声名远扬，后来被误传为"樊楼"，南宋在西湖边也建造了一座丰乐楼。有人认为《清明上河图》中的孙羊正店应该是以丰乐楼为原型绘制的。元代夏永曾绘制了《丰乐楼图》，画家用十分工细的小楷写了31行《丰乐楼记》。"熙熙楼客店"显然是在说，我们家客店人流熙熙攘攘，每天客满。宋代道教十分盛行，八仙故事已经形成，"八仙楼"让人想起神奇的八仙故事，利用八仙的知名度来为酒店做宣传，十分巧妙，这个名字里面是不是还有酒仙的暗喻就不知道了。宋代是一个科举发达的时代，科举殿试第一名就是状元，多少人一辈子梦寐以求考中状元啊，这是无数读书人的梦想，"状元楼"的名字让那些儒生感到吉利，让那些科举考中的人感到体面。茶坊有"清乐茶坊""八仙茶坊"等，为茶楼增加了想象空间。供游玩的园子有"独乐岗""快活林""莲花棚""牡丹棚"。南宋临安官巷前有仁爱堂熟药铺，修义坊有三不欺药铺。仁爱堂、三不欺都是艺术化的命名方式，是很好的广告。药铺以仁爱为本位，符合行业道德的要求。三不欺，大概是不欺瞒病人，主打信誉，诚信为本，用药品质量说话。还有一些搞怪名称，比如杭州的"一窟鬼茶坊"，满屋子都是鬼茶客的茶馆谁敢进？不用担心，有些人就喜欢搞怪；另外，这也是很好的广告，因为奇怪，人们才争相传播。人们不自觉中为茶馆做了免费广告。南宋临安还有一家酒店叫"虾蟆眼酒店"，不知道是贬称还是美称。临安还有一家双葫芦眼药铺，推测可能是店门口挂着两个葫芦，故有此名。但是，这种升级版的店铺名是少数。

元 夏永《丰乐楼图》

元明以后，店铺命名讲究吉祥，人们认为名字很重要，名字不好，甚至会影响店铺的成败，开店铺往往会找一些私塾先生、算命先生给起一个吉祥的名字。

民间流传一首店铺字号诗，任意两字组合成店铺名称。这种名字非常普遍，如永昌、兴隆、正泰、隆昌等。大家有时间看看清末、民国时期的老照片，满街的店铺名字大都是以这种方式命名的。

> 国泰民安福永昌，兴隆正利同齐祥，
>
> 协益长裕全美瑞，合和元亨全顺良。
>
> 惠丰成聚润发久，谦德达生洪源强，
>
> 恒义万宝复大通，新春茂盛庆安康。

店铺名字里面有很多讲究，也是一种文化，里面有大量的民俗，非常值得研究。

三、纵横交错的"宋式"交通

车把式，也就是赶车的。和车夫还不太一样，那些拉车的人也被称为车夫。但是，在很多情况下，车夫和车把式混同，主要是指赶车人。春秋战国时期被称为"御者""驭者"。在车战中，驭者起着非常重要的作用。为避免产生歧义，下文中的车夫主要是指车把式。

车辆主要是靠驴子、马、牛来牵引。驴子和马被驯化的时间很早，驴子和牛大约距今7000年前已经被驯化，马被驯化的时间距今约6000年。考古人员在西亚两河流域苏美尔文明乌尔城遗址779号墓发现了一件军旗（名称有争议）。这件军旗上有5辆四轮车，当时的车轮还是实心车轮。这件军旗距今4500年，那么车夫的历史也应该有4500多年的历史了。由此看来车夫是一个非常古老的行业。车辆的发明使人类运输由滑动摩擦时代进入滚动摩擦时代，大大节省了人力，提高了运输效率。

乌尔军旗上的四轮车

　　公元前700—前600年亚述尼尼微王宫遗址的浮雕上也有驾车的车夫形象，车夫手里拿着一大把辔绳。

公元前700—前600年亚述尼尼微王宫遗址浮雕上的车夫

公元前700—前600年
亚述国王车上的车夫

奚仲，任姓，薛国人，东夷族，是夏朝时期伟大的发明家，是中国造车的鼻祖，大禹因此将薛地封给他。2022年在河南偃师二里头夏代遗址发现了车辙印。车辙印区域被测定为公元前1700年左右。有学者认为公元前2300年左右，车辆传入中亚，商代晚期开始传入中国。商代已经能够制造有辐条的两轮车，甲骨文"车"字就是根据两轮车创造的。

商代甲骨文"车"字

通过考古发掘，周代出土的车马坑数量很多。所谓车马坑就是王侯等高级贵族随葬的车和马的埋藏坑。汉代高等级墓葬中出土有大量的车马出行图，图中往往有很多车辆，这些车队浩浩荡荡，好不威风。

河北安平东汉墓壁画车马出行图

有了车辆，自然就需要车夫。算起来我国车夫的历史至少已经有3700多年。我们现在的汽车司机，实际上也是车夫，只不过我们驾驭的不再是牲口，而是机器。等到人工智能无人驾驶汽车普及以后，司机这个行业也就消失了，车夫这个行业也就真正结束了。

古代车辆的部件很多，在车夫驾驶位置前面有一个横杆叫车轼，主要是供乘车人扶凭。宋代大文学家苏洵给大儿子起名"苏轼"的用意就来自这个部件。这个部件平时没有什么大的用途，但又必不可少，更多的时候只起装饰作用，苏洵希望苏轼要注意掩饰自己，不要说话、办事过于直白。苏洵给苏轼的弟弟起名"苏辙"，意思是车辆都依据前车车辙前进，提及车辆的功劳没有人提及车辙，但是，车翻了，人们也不会怪及车辙。所以，苏洵希望苏辙一生平平安安。

过去单辕车很多，现在单辕车基本没有了，主要是双辕车。《清明上河图》中刚过护城河桥的两辆牛车都是单辕车，两辆棕盖车都是双辕车，孙羊正店十字路口的两辆驴拉平板车是双辕车，拉酒车也是双辕车。

在水浒英雄中，矮脚虎王英是一个车夫，有一次看到拉的客人比较富有，就起了歹意，劫了人家的财富。后来被逮捕入狱，又逃脱出来，到了清风寨落草为寇，最后上了梁山。

1. 车夫的地位

车夫在旧社会比较常见，他们有的是官府专门的车夫，有的是大家富户的专用车夫，有的是提供租车服务的经营者，有的是赶自己家的驴马车。旧社会，养一辆大车成本很高，一是车辆本身造价不菲，另外要有专门的马厩来养马、驴或骡子，还要雇一位车夫。官方的驿站、驿馆一般都有专门的车辆，也有专门的车夫。对于个人用户来讲，一般小户人家养不起一辆车。一些大户人家往往有多辆车，当然也就有多位车夫。有的车夫负责赶拉货的车，有的车夫负责赶拉人的鞍车（轿车）。应该说给皇帝驾车的车夫地位最高，政府部门的车夫地位要高一些，赶拉人车的车夫地位要比拉货车的车夫高一些，活相对也比较轻松。秦代赵高是一个车夫，他的职务是中车府令，专门给秦始皇驾车。赵高地位很高，后来甚至控制了秦二世，竟然可以指鹿为马。

车夫所驾驶车辆的等级也影响他们的地位，比如《清明上河图》中赶棕盖车的车夫的地位一般要比赶席篷车的车夫地位高。棕盖车是图中最高等级的车辆，是高等级官员或贵族家眷乘坐的车辆，车辆的栏杆、车门雕刻十分精细，车顶铺有厚厚的棕盖。棕盖车的车夫的地位当然要比一般车夫地位高。从图中可以看出，棕盖车车夫和席篷车车夫穿着完全不一样，他们的衣服整洁、高档，而席篷车车夫的服装相对比较随意，服装质量不高，有一位竟然敞着怀。

小时候在农村老家经常见到车把式，我们村共有四辆马车，四五个车把式。他们在村子里都是有地位的人，受人尊敬，当然他们也是和村支书关系好的人。他们不用干重体力活，赶大车要轻松多了。他们都坐在车辕的左侧，右手拿鞭，侧身而坐。好的车把式使鞭都很专业，说打哪里就打哪里，让马、驴或骡子害怕，老老实实听使唤。他们把鞭子甩得啪啪响，声音清脆，传得很远，很多时候有炫技的成分。

他们都有一套沿袭已久的口令，牲口都能听懂。"嘚儿驾"是指开始行走，"嘚"或"驾"是路上催促马儿加油，走得快一点，"喔"是右转，"侬"是左转，"潲"是后腿，"翘"是提醒马儿翘腿，在套绳错乱的时候，车把式要用鞭杆挑动绳子，并提醒马儿翘腿。"吁——"是指停车。

小时候能够坐一坐马车也是一种享受。有一年夏天，邻居家里的小伙伴，套着驴车拉着我们五六个小伙伴到村西边的引河去游泳，小伙伴们都十分兴奋，痛痛快快地坐了一趟驴车。有时候偶尔能蹭一把马车，感觉像是撞上了大运。

2. 历史上著名的车夫

在古代社会，车夫具有重要的社会影响。陆地运输需要用车辆，当然就需要车夫，他们对陆地运输至关重要。他们也是高等级贵族官员、富人出行的驾驶员。汉代以前的战争中经常使用战车，车夫具有重要作用。也有一些关于车夫的故事流传下来。

刘邦的车夫

夏侯婴原来是秦朝"沛厩司御"，也就是沛县官府的马车夫，每次送客人公务回来，都要到泗水亭长刘邦那里去交谈。刘邦起兵以后，夏侯婴随刘邦征战南北。刘邦在和项羽的一次战斗中战败逃走，坐上了夏侯婴的车子，路上遇到刘邦的一个儿子（后来的汉惠帝）和女儿（鲁元公主），夏侯婴都把他们拉上车。由于追兵追得急，拉车的马十分疲劳，为提高逃跑速度，刘邦多次将儿子和女儿推下车，夏侯婴每次又把孩子弄上车。刘邦气得要死。后来，他们终于摆脱追兵。刘邦后来任命夏侯婴担任太仆（负责给皇帝驾车和管理马匹）的高官，刘邦死后，夏侯婴还辅佐汉惠帝、吕后、汉文帝。这位车夫确实不俗，他为汉代三位皇帝驾车，忠心耿耿。

汉文帝后来的马车夫是卫绾，因为驾车技术精良，受到汉文帝的赏识，成为文帝的御用车夫，后来官拜中郎将。景帝时期，卫绾对平定七国之乱贡献很大，官位达中尉，被封为建陵侯，官拜太子太傅、御史大夫。历史上由车夫升任高官的人屡见不鲜。

周穆王的车夫

《史记·秦本纪》和《史记·赵世家》记载了一个叫造父的车夫，他为周穆王选了八匹好马，其中有赤骥、盗骊、骅骝、绿耳，他也是周穆王的车夫。由于长时间在外出巡，国内徐偃王起兵反叛，周穆王归心似箭，希望能够尽快回到都城平息叛乱。造父靠着高超的驾车技术，日行千里，使周穆王顺利回到都城，平息了叛乱。周穆王为感谢造父，将之分封到赵城。造父在周代被奉为车夫的祖师爷。但是，民间车辆运输的祖师爷是马王爷，他原来是王母娘娘的车夫，是天上的房星，也被称为"天驷"，蟠桃会时，被留在门外，由于发牢骚，被贬下人间。

齐国宰相晏子的车夫

司马迁在《史记·管晏列传第二》中记载了一个故事：晏子是齐国的宰相，乘车外出，他的车夫的夫人从门缝里看她丈夫驾车的样子。她的丈夫作为宰相的车夫，赶着四驾马车，有豪华的车盖，得意洋洋，觉得无比的荣耀。回家后，他的妻子要离开他而去，不跟他过了。车夫很不解，问她原因。妻子说："晏子身高不足六尺，身为齐国宰相，在诸侯中威名赫赫。今天，我看他乘车出行却非常谦卑恭谨，没有一点得意的样子。你身高八尺，作为别人的仆从，然而你却得意洋洋，非常满足。所以我要离开你。"之后，车夫再也不得意洋洋了，变得十分低调。晏子很奇怪，问他近来怎么改变这么大，车夫告诉晏子实情。晏子很佩服车夫夫人的见识，后来还推荐车夫做了齐国大夫。这个故事很有意思，实际上是在提醒那些为权贵豪富驾车的人，不要因为主人的尊贵、车辆的豪华就得意洋洋。现在某些领导的司机，不也是这样吗，仗着领导的权势，趾高气扬，目空一切。

魏无忌为看门人当车夫

《史记·魏公子列传第十七》中记载魏无忌（战国四公子之一）给隐士侯嬴做车夫的故事。故事是这样的，魏国有个隐士叫侯嬴，已经70岁了，家里十分贫穷，在魏国首都大梁夷门看守城门。魏无忌听说以后，前去请他，准备给他很丰厚的礼物。侯嬴不接受，说："臣洁身自好数十年，坚持操守，不能因为看守城门穷困而接受公子的财富。"公子于是摆酒宴大宴宾客。宾客到齐以后，公子自己担任车夫驾着车，把左边主人的位置空着，亲自前往夷门迎接侯嬴。侯嬴穿着破衣服，径直坐到公子的座位上，一点儿也不谦让，准备以此观察公子的表现。公子手里握着缰绳却非常恭谨。侯嬴对公子说："臣有一位朋友在屠宰市场，想让您屈尊驾车去看看。"公子爽快地答应了，于是赶着车进入市场。侯嬴下车去看望自己的朋友朱亥。他一边和朱亥聊天，一边偷偷地看魏无忌的表现，故意和朋友闲聊很长时间。魏无忌在那里耐心地等着，一点儿也没有显出不耐烦的表情，反而更加谦和。这个时候，魏公子家里高朋满堂，都等着公子举酒宣布酒宴开始。市场的人都看到公子手持缰绳在那里等着侯赢，陪同的仆人都私下里骂侯赢不懂事。侯赢观察公子的脸色，却始终没有变。于是，他辞别朋友，登车与魏公子一起走了。到了公子家，公子引领侯赢坐上座，对宾客们称赞侯赢，宾客们都十分惊讶。酒喝到尽兴时，公子站起来，为侯赢祝寿。

侯赢说："今天侯赢我为难公子也确实过分了，我是一个小小的看守夷门的门监，而公子却屈身亲自驾车去接，在大庭广众之下迎接我。我为了成就公子礼贤下士之美名，故意去看一位朋友，还和朋友拖延时间，来往的人看到公子愈加的恭谨。大家都以为侯赢是小人，而把公子视为礼贤下士的长者。"于是，酒宴结束，侯赢成为魏公子的高级幕僚。

后来，魏无忌正是听从侯赢的建议，窃符救赵，侯赢的朋友朱亥击杀大将晋鄙，成功实现围魏救赵。

在这里魏无忌为显示自己礼贤下士，亲自作为车夫，驾车迎接侯赢。

宋国大夫华元的车夫

我国古代有一个成语"羊斟惭羹"，也是关于车夫的。据《左传·宣公二年》记载，宋国与郑国将要开战，宋国大夫华元与将士们一起吃羊肉，不知道为什么忘记了给华元的车夫羊斟一份。战斗开始，羊斟说："分羊肉的时候你说了算，现在我说了算。"他一边说一边径直将华元的战车驶入郑国阵地，华元被俘，宋军大败。这位车夫为了一份羊肉竟然赌气使自己的主人成为俘虏，明显有些过分，看来心胸不够开阔，有些小肚鸡肠。作为大夫华元，也不应该独独忘记自己车夫的那一份羊肉。对华元来讲，任用这样的车夫确实是缺乏识人之明。

齐桓公的车夫

齐桓公有一次向管仲炫耀自己的马车，管仲说："很好！"齐桓公说：

"不仅车好，而且我还有一流的车夫。"管仲于是向齐桓公的车夫请教驾车技巧，这位车夫说："我能让每匹马竭尽全力连续不停地奔跑，谁也不敢偷懒。"管仲对齐桓公说："主公，你这个车不能坐了，早晚要翻车。"齐桓公很纳闷儿，不知道为什么管仲会这样说。过了几天，这辆车果然翻了，散架了。齐桓公好奇，就问管仲："你怎么知道车子要翻？"管仲说："马儿需要休息，需要吃草料、溜达恢复力量，老马需要照顾小马驹，你这位车夫却想尽办法，一心让马儿连续奔跑，不让它们休息，不让它们溜达，不让它们照顾小马驹，马儿十分疲劳，有些心神不宁，所以肯定会出事。"

这里实际上是说，马车夫不能让马儿过于疲劳，应该爱惜自己的马匹，这才是安全驾驶的根本之道。

宋代宰相王旦的车夫

《宋人轶事汇编》记载了一个北宋宰相王旦和车夫的故事。宰相王旦的车夫五年期满，向王旦辞行，王旦问他："你干了几年？"车夫说："五年。"王旦说："我怎么不认识你。"车夫说："我早就跟别人说我不认识你，人家都不相信。"当车夫转身要离去的时候，王旦认出他来，并叫出他的名字，给予重赏。可见这位车夫是一个老实人，天天干好自己的活，没有主动去和宰相套近乎，结果王旦连他的面目都认不出来。因为天天看他的后背，所以他转身要离去的时候，被王旦认出来了。

宋代官员六品以上政府发给"马刍粟"，也就是车马补贴，共分为七个等级，从20匹至1匹，也就是国家发给六品以上官员从20匹到1匹马的材料补贴，官员自己看着办，是买马还是买车自由安排。但如果买车，就要像王旦一样雇一位车夫。

3. 车夫驾驭的工具

古代车辆种类、级别很多。春秋战国时期，天子六驾马车，诸侯乘坐五驾马车，卿大夫可以乘坐四驾马车。所谓六驾、五驾、四驾就是指一辆车由六匹、五匹或四匹马来牵引。这里马匹数量成了车辆的等级标志。车辆的

在草料袋中吃草的马匹

部件、套具也很多，对于车夫来讲都要了如指掌。车子如果出了小毛病，车夫要能够及时处理，不影响使用。古代车辆没有轴承，车夫需要随时给车辆的轮轴添加润滑油等。如果出远门，还要随车带着草料。在《清明上河图》中，在大码头上一处餐馆前有一匹马正在吃草料。这种吃草料的方式很独特，车夫需要把一个带绳子的布袋挂在马脖子上，马一低头，草料袋着地，马就可以吃到草料。车夫在一旁端着一只大碗，可能是边吃饭边照料自己的马。

套车也是一个技术活，马笼头、夹板、马拥脖、套绳、大肚、搭腰等都不能乱了，车上一般都有刹车装置。张择端对车的描绘太逼真了，马拥脖、搭腰、套绳、车辆、驴子的神态等样样都经得住考验。值得注意的是，图中的车把式不是坐在车上，而是自己驾着辕。这一点和我小时见到的情境是不一样

清院本　《清明上河图》郊区拉草车　台北故宫博物院

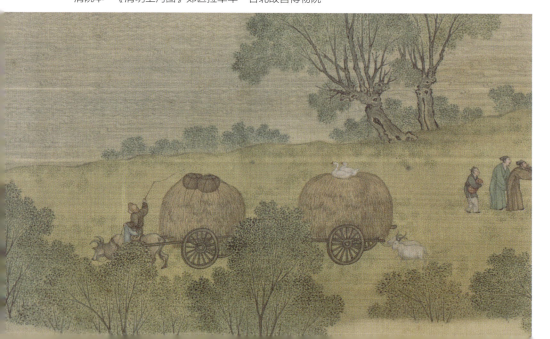

的。在清院本《清明上河图》中，有一辆四轮牛车，一头牛驾辕，两头牛拉长套。车把式竟然骑在驾辕的牛背上，这也是我没有见过的。清院本《清明上河图》中郊区一辆拉草的两轮牛车，车把式也是骑在驾辕的牛背上。

驾车当时确实属于一个技术工种，一般人干不了。

辔绳和马嚼子

车夫驾驭拉车的马匹主要靠辔绳，车夫手中一般拿着辔绳的一端，另一端连接着马嚼子，马嚼子（马衔、口衔）是一根细铁棒，装在马嘴里，车夫拉紧辔绳，马就会感到难受。如果需要降低速度，车夫只要拉紧辔绳，马儿就会慢下来。从秦始皇陵出土的铜车马可以看出车夫手里拿着一大把辔绳，因为前面有四匹马，每匹马有两根辔绳。车夫的右边还有一个小细棍，这个东西叫"策"，车夫用策来刺马的屁股，马儿就会加速。车夫同时还有鞭可以使用，成语"策马扬鞭"由此而来。辔绳、马嚼子加上络头（戴在马头上的皮绳）合称笼头。

牛鼻圈

车夫控制牛的办法则是牛鼻圈，即在牛的两个鼻孔之间穿上的一个铁圈，缰绳连接铁圈，车夫拉动缰绳，牛鼻子就会疼，牛就会乖乖地听从指挥。牛脾气比较偏，不用这种手段难以控制它们。《清明上河图》中刚刚穿过护城河桥的那辆牛车中拉车的牛的牛鼻圈很明显。金代《雪栈牛车图》中的牛鼻圈更加清楚。在西北

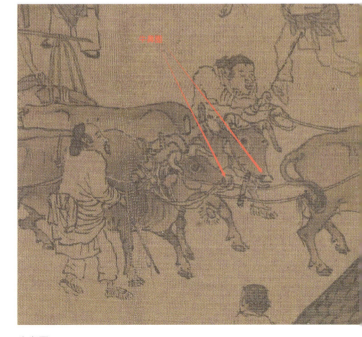

牛鼻圈

金　《雪栈牛车图》中的牛鼻圈

地区，人们控制骆驼也采用这种办法，只不过穿在骆驼鼻子上的是一根短铁棒，而不是铁圈。

马鞭

马鞭是车把式使唤牲口的重要工具，车把式能把鞭甩得啪啪响，声音清脆，不会使鞭的人打不出这样的响声来。鞭子不用的时候，鞭穗下端一般缠在鞭杆下端，或者用手攥着鞭杆和鞭梢，使用的时候，一甩就开了。《清明上河图》中拉酒车车把式的鞭子正是这种状态。每次看到这个场景，都能激发起我对童年家乡生活的很多回忆。

小时候看过一部电影《青松岭》就是一部关于车把式的故事，其中男主人公就是一位车把式。鞭子是用三根竹子的细枝呈螺旋状扭结在一起的，被称为三缠大鞭子，手持的一端会加一段一尺长木柄，十分光滑。鞭杆与木柄结合部用细皮条缠得十分牢固。上部的鞭杆弹性十足，末梢拴上用细皮条编

成的鞭穗，鞭穗的末端是非常细的牛皮条，鞭杆加鞭穗的长度一般在七八尺
左右。讲究的人还会在鞭穗根部系上红缨穗，看起来十分漂亮。

　　清代沈源的《清明上河图》，陈枚、孙祜等的《清院本清明上河图卷》
中也有对马鞭的描绘。

清　沈源《清明上河图》　台北故宫博物院

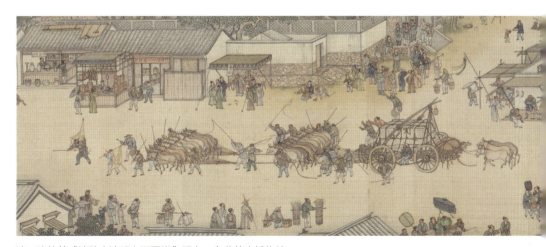

清　陈枚等《清院本清明上河图卷》骡车　台北故宫博物院

清　陈枚等《清院本清明上河图卷》牛车　台北故宫博物院

此中圖賣皮鞭子之圖也其人身扛一木条
所賣羊和弓張大小皮條杆等物沿街掮之
而賣也

清　卖皮鞭
梢的小贩

一般时候，车把式把鞭子甩得啪啪响，但是并不伤及牲口。如果遇到牲口捣蛋，车把式就会下狠手，用鞭子在马屁股上剪出三角口子来，血淋淋的，让它们害怕。

宋代赶牛不用鞭？

《清明上河图》中有好几位赶车人，有的赶的是驴车，有的赶的是牛车。有的车辆有一位车夫，比如孙羊正店旁边十字路口的三辆驴车各有一位车夫；有的车辆有三位车夫，比如护城河桥边上的十字路口的两辆牛车都有三位车夫，不过他们手中拿的不是鞭子，而是小细棍，类似一根荆条。

宋代流行盘车图。所谓盘车图，就是描绘车辆在山间穿行的图画。宋代的"盘"字大概意思是转悠、盘桓，有些沿街贩卖的小贩被称为盘街人。在盘车图中，每一辆车至少需要一位车夫。朱锐的《溪山行旅图页》中，车夫正在水中赶着牛车前进，手中没有鞭子。后面还有一位押运官。

棕盖车车夫

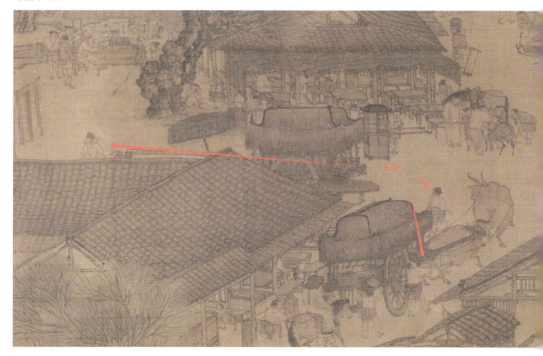

朱锐的《雪涧盘车图》倒数第二辆车中的车夫正坐在车的前部，驾驶车辆渡过溪流。图中有七八位押运官，可见是官方运输行为。南宋佚名的《雪山行旅图》中，赶牛的车夫手里拿的是小细棍，而不是鞭子。金代佚名的《雪栈牛车图》中，车夫手里拿的也是小细棍。从图中可以看出，这些小细棍一头尖，一头粗，类似鞭杆，但是没有鞭穗和鞭梢。上海博物馆藏的《闸口盘车图》中的赶牛人手里拿的也是小细木棍。也许在宋金时期，赶牛就使用这种工具，而不是鞭子。

金　《雪栈盘车图》局部　台北故宫博物院

金　《雪栈盘车图》中车夫手里拿的是小细棍　台北故宫博物院

五代　《闸口盘车图》中赶牛人手里拿着小细木棍　上海博物馆

马拥脖和夹板

马拥脖也叫套包子、护脖、革拉子、拥子等，一般用皮革做成，里面填充麦秸、棕丝等软性材料。马拥脖是为了防止夹板磨伤牲口的肩部，起到软垫的作用，一般做成可以开合的椭圆圈状物，可以很容易套在牲口的脖子上，下部可以用细绳子将两个头拴在一起。驴夹板或马夹板用两块细长木板做成，长约50厘米，断面基本呈方形，两端细一点，中间粗一点，每块夹板上各有两个洞，用细皮绳穿过小洞，然后连接套绳（引绳）。从《清明上河图》中的驴车看不出有夹板，似乎是套包子直接连接套绳。清代徐扬绘制的《日月合璧五星连珠图》《乾隆南巡图第二卷·过德州》、清代杨大章《仿宋本金陵图》对夹板结构的绘制很清楚。1917—1919年美国人西德尼·戴维·甘博在北京拍摄的拉轿车的驴子脖子上的夹板结构很清楚。

拉酒车

清代 杨大章《仿宋本金陵图》中的驴夹板 台北故宫博物院

清代 徐扬《日月合璧五星连珠图》中的夹板 台北故宫博物院

1917—1919年美国人西德尼·戴维·甘博在北京拍摄的驴夹板和拥脖

搭腰

搭腰是为了保证套绳不错乱，用一根皮带或宽绳子搭在牲口的腰上，两端连接套绳。拉酒车的两头驴身上的搭腰比较明显，正在奔向十字路口。由四驴拉的平板车前车驴身上的搭腰没有画，后车的搭腰倒是能够看得出来。虹桥桥头独轮车前的驴身上也没有搭腰。

马鞭、套绳等

套包子直接
连接套绳

马鞍子

我小时候在农村见到的都是双辕车。对于双辕车来讲，车夫首先要准备好马鞍子和鞍垫。这种鞍子不是骑乘时用的马鞍子，而是专门用于辕马驾辕用的，比较小一些，简略一些，没有过多的装饰。主要目的是把车辕的压力施加在马背上。车夫首先要给马加上马嚼子、笼头、辔绳、后鞧，然后一手牵马，一手抬起车辕，指挥马倒入车辕内，将车辕前端的搭腰搭在辕马的马背上。然后给马戴上套包子，套上夹板。然后紧固各种部件，防止行车中途部件松脱。如果有拉长套的马，还要准备好引绳。这一切对于老车夫来讲，都如行云流水，干起来都很顺手，对于新车夫来讲，开头几次往往顾此失彼，多数情况下需要他人协助。

后鞧

后鞧是为了防止马鞍子向前移动的装置，也使辕马倒车时施加后坐力。前面和马鞍子连接，后面兜着马屁股。一般用皮条制作，辕马后鞧一般不加装饰。

大肚

有些车辆还要有大肚，有些地方被称为肚带，也是一条宽绳，是放在牲口肚子下面的，两端连接套绳。在金代《雪栈牛车图》中，既有搭腰，又有大肚。

套绳和大铁环

套绳也叫引绳，一般都是比较粗的麻绳，要能够承受得住牲口的拉力，是牲口牵引车辆的动力所在，一般是两根一组，一端拴在车梯上，一端连接夹板，是拉长套的牲口必备的。1917年，美国人西德尼·戴维·甘博拍摄的开封车辆中，套绳很清楚，前面三头牛拉长套，一牛驾辕。值得注意的是，在这幅照片中，牛脖子上有铜铃，牛嘴上罩着笼嘴。笼嘴是为了防止牛吃道路旁边的庄稼。在磨道里拉磨的驴有的也戴着笼嘴，目的是防止它们偷吃粮食。

1917年美国人西德尼·戴维·甘博拍摄的开封车辆

　　有些车辆两个车梯下部、车辕前部都装有大铁环或者绳索套环，套绳从里面通过，这样的设置使套绳不容易乱套。我们在清院本《清明上河图》中看到有20匹马拉着大石头的场景，其中的引绳很多，简直令人眼花缭乱。

牛梭子

　　对于牛车来讲，牛不需要夹板，而是用牛梭子，有的地方称为牛结子，同时也不用套包子。牛梭子是一个类似弓形结构的木构件，一般使用一块整木雕成，套绳从两端和中间的圆洞穿过，然后拴在车梯上。图中刚刚通过护城河桥的两辆牛车中拉长套的牛脖子上的牛梭子结构十分明显。清代杨大章《仿宋本金陵图》中的牛梭子结构也很清楚。

牛车牵引

金　《雪栈牛车图》局部

清　杨大章《仿宋本金陵图》中的牛梭子

车撑

停车时用的朾。撑一般是Y字形或三叉形，上部的分叉连着车体，行车的时候，车把式通过一个机关使其抬起来，附在车厢的底部。停车的时候，就把它放下来，支在地上，车辕就不会着地了。这样能够很好地保护车辆。

车撑　20世纪30年代拍摄

辕马与拉长套的马

我们村里的马车一般是三驾，也就是一匹马驾辕，两匹马拉长套。驾辕的马一般比较老实可靠，比较听话，脾气好，不容易受惊，关键时刻会让马车脱离危险，它们是控制车辆方向的主要力量，遇有大坑、陡坡或者泥泞路段，驾辕马都能起到关键作用，所以车把式对辕马都十分爱护，很少打它们；拉长套的马有时会捣蛋，车把式一般对它们不客气，有时候会下狠手，一鞭下去，就能在马屁股上打出一个三尖口子来，迫使它们老老实实地听话。

铃铛

一般情况下，三驾马车的三匹马脖子上都戴着黄铜铃铛，走起路来叮当作响。农村的驴、牛一般都戴铃铛。铃铛发出的声音十分清脆，伴随着马牛驴骡的脚步声有节奏地响着，是农耕时代乡村一景，现在在华北地区已经消失了，在新疆、甘肃部分地区还能够见到。部分旅游景点为了吸引游客，也有这样的车辆。

扬州中国大运河博物馆藏唐代铜铃

4.车夫的忌讳

误车

在我的老家，车子陷入困境出不来被称为"误车"。车把式最害怕误车，有的是陷入泥沼或土坑，有的是翻车。陷入泥沼或土坑需要找其他人来帮忙，需要找来牛或者骡马来帮忙拉车。如果是翻车，车夫有时会有生命危险，上下坡、转弯过急都有可能翻车。如果误车，很多时候需要把车上的货卸下来，等车脱离泥沼或土坑后再装上。

古时候的道路大多为泥路，来往的大车将路面轧出很深的沟辙。遇有雨天，道路非常泥泞，误车的可能性非常大。如果是走夜路误车将会非常麻烦，因为来往的人少，可以帮忙的人很难找到，甚至给家里捎信的人都找不到，车把式就遇到大麻烦了。

民国时期车辙很深的道路　1917—1919　西德尼·戴维·甘博拍摄

　　下图是一张老照片，尽管有四匹马拉车，车还是误了。车夫一脸的无奈。泥水很深，已经到达车轮一半的高度。

陷入泥沼中的车

　　下面的场景也让车夫很头疼，由于是一个下坡，也可能是路滑，拉车的骡子摔倒了。有九个人帮忙救援。看来车上拉的货物非常重。

　　小时候，我在老家经常见到误车的场景。有一次，邻村的人用马车拉砖，在村子西头的杨树林里误车了，村民们用了很大的劲儿也没有让车辆脱

拉车的骡子摔倒了

离困境。最后，村民只好把生产队最厉害的大肚子牛找来，套好后，大肚牛一用劲，车子就出来了。

惊马

车夫最怕的是马受惊，马受惊后会拉着车疯狂奔跑，会踩伤人，甚至踩死人。在没有汽车以前，惊马是最危险的交通事故。人们见到惊马往往尽快躲避，而且会大声喊叫，提醒路人有惊马。在《清明上河图》开始部分，在轿子队伍的前方有一匹惊马正在狂奔，赶马人奋力在后面追。图画这部分残缺，只剩下马屁股，马头、马身子都没有了。惊马前面不远处的黑色骡子正在躁动，而两头牛依然很安静，只是看看而已，非常形象地画出了牛的性情。茶馆的人也都在扭头观看。一老者正在看孩子，而孩子就在惊马的前面，非常危险，老者赶忙上前去想抱孩子。

受惊的马

惊马前的老人与孩子、茶馆客人、骡子、老牛

　　车夫把控着车辆的方向，控制着行车速度，靠赶车技术吃饭。他们中也有些人因此而升官，受到重用，甚至成就一番事业。

第七章
崇文尚德：空前繁荣的重文之风

众所周知，宋代崇学氛围浓厚。宋代的教育系统特别发达，不但官学与私学并盛，而且地方与中央相较。崇学之风不分地域，不分家庭，"学而优则仕"的思想在社会上盛行。浙江，作为曾经南宋都城所在之地，好学之风尤为兴盛，并延续至今。在浙江的很多农村，"耕读文化"深入人心。浙江虽是商品经济发达地区，从商者多如牛毛，但对于文化的追求，对于知识分子的尊崇是与生俱来的。而且宋代平民化、世俗化、人文化的社会风气也深刻影响了当时的"教育界"，寒俊之士也有了更多的生存空间和发展机会。"崇文尚德"在宋代的盛行，大大提高了当时的整体社会文化水平，也出现了很多当时独有的社会现象。

一、诗袋：现代手记的宋代高阶版

自科举制度以来，文人一直是国家的主导力量，他们的好尚主导了国家的文化潮流。中国是世界上最早的文人治理的国家，中国古代的高度发展和这种制度有密切关系。科举制度把最聪明的人选拔出来治理国家，国家的管理效率大大提高。

　　中国古代是一个诗的国度，文人是作诗的主要群体，作诗几乎成了文人群体的专利，文人之间诗酒唱和被称为一种雅事。诗言志，诗里面大多是家国情怀。古代文人大多借诗来抒发情怀，表达自己心怀天下、救民济世的情怀。诗袋是出于诗的缘故诞生的一件雅物。

图中的诗袋之一

　　在《清明上河图》中，孙羊正店附近的十字路口有两个童子模样的人手里提着一个细长的小筒状物，我看了好几次，不知道是什么器物。张择端《清明上河图》这样一幅纪实作品，一定是根据实际器物绘制的，但是，现在我不知道究竟是什么器物。于是，我就截图发到今日头条，有些人说是暖瓶，有的人说是磨刀石，还有人说是钱褡子，等等，有一位昵称苶呆呆的朋友说是算袋或诗袋，并推荐我看孟晖女士的《算袋与诗筒》。我觉得这个解释是最靠谱的。看了孟晖的文章以后，我豁然开朗。

　　诗袋也叫诗筒，早期可能和算袋雷同，后来逐渐专用化。诗袋实际上是一个灵感记录本。灵感的到来没有规律性，可能是骑在马上时，可能是

图中的诗袋之二

在散步中，有时候灵感来了而没有记录下来，过后又忘记了，会让人后悔不迭。于是有人就创造了一种装诗稿的筒，这就是诗筒，随身携带，如果有了灵感就马上写下来，装起来，有时间再去整理。

这是一件雅器，是过去文人的标配。有的时候可以挂在马后鞒上，有的可以让书童拎着，总之要便于使用。这种器物分为两部分——器盖和器身，两部分通过绳子连接，在器身和器盖两侧都设有可以穿绳的鋬或贯耳，绳子从器身底部兜底向上，穿过器身两侧的鋬，然后再穿过器盖上的鋬，在器盖上部合在一起，然后穿一颗珠子，通过珠子的上下移动可以轻易打开器盖或合上器盖。多余的绳索还会编成花结或者制成流苏。

我们在其他古画中发现了多处诗袋，有的是方形的，有的是圆形的。唐代阎立本的《步辇图》中禄东赞腰上挂着一个方形的袋子。诗袋大多长不过尺，小巧玲珑，提起来很轻松，很方便。看样子有的是皮革制作的，有的可能是其他布料制作的。唐高宗上元二年规定文人必须带算袋，武官可以带，也可以不带。孟晖推测禄东赞带的袋子应该是算袋。到了唐玄宗开元年间，算袋已经成为可有可无的装饰品。

诗袋，可以是香袋，也可以是算袋，还可以是餐具袋。所谓香袋，就是装香的袋子。算袋里面主要装算筹，算筹就是一些小棒，有的是木制的，有的是象牙制的、骨头制的，还有的是金属制的。在算盘被发明以前，人们计算主要用算筹。在考古发掘中已经发现了很多算筹。

在宋代绘画中，诗袋较为常见，南宋佚名《春宴图》中出现了三个诗袋，其中一个正在被打开。现存台北故宫博物院，传为北宋赵佶的《画唐十八学士图卷》中有三件诗袋，其中两件是方形的，盒盖向上打开，周围镶着白边；一件是圆筒形。

南北朝杨子华（传）的《北齐校书图》中有两件器物和诗筒高度雷同。其呈圆形，顶部、中间、底部各有一条灰色的带子，只是没有系绳。在这样一幅校书图中出现诗筒顺理成章。

南北朝 杨子华（传）《北齐校书图》局部 波士顿美术馆

五代十国　周文矩（传）《琉璃堂人物图》局部
美国大都会艺术博物馆

《琉璃堂人物图》中有一件器物和诗筒类似，只是粗了一些，矮了一些，顶部浑圆，系绳没有到底，仅仅到达中部，绳子在顶部盘结。故宫博物院藏本五代十国周文矩《文苑图》和《琉璃堂人物图》描绘的内容是一样的，《文苑图》中的这件器物结

五代十国　周文矩《文苑图》局部
故宫博物院

构更加清楚。在这样一件描绘写作与阅读的图中，出现诗筒十分得当，应该是诗筒无疑。五代十国的周文矩的《重屏会棋图》中也有一件和诗筒高度雷同的器物，只是长了一些、宽了一些。外观结构完全一样。

五代十国　周文矩《重屏会棋图》局部　故宫博物院

南宋　佚名《春宴图》中的诗袋

宋　佚名《萧翼赚
兰亭图》中的诗袋
辽宁省博物馆

　　宋佚名的《萧翼赚兰亭图》中最右边的童子两手托着一个有提绳的方形
盒子，应该是诗袋无疑。

北宋　赵佶（传）《画唐十八学士图卷》中的
诗袋局部　台北故宫博物院

五代十国赵幹的《江行初雪图》中，两位骑马出行的人后面跟着两位童子，前面一位童子肩挑一副担子，担子前端挂着一个诗袋，是方形的，结构非常清楚。

南宋梁楷的《八高僧故事图》中，白居易身后的仆人提着一个圆形的诗筒。

五代十国　赵幹《江行初雪图》中的诗袋
台北故宫博物院

南宋　梁楷（传）《八高僧图》中的诗袋　上海博物馆

在元代任仁发的《张果见唐明皇》中，这个袋子的结构十分清楚，盖子顶部、袋子底部四个角都有精致的包角。这个袋子装的不是诗稿，而是折叠的神驴。打开盒盖，神驴就跑了出来。

明代仇英的《人物故事册》之一中有一件诗筒，明佚名的《七子度关图》中有四件诗筒。

有人说诗筒的发明人是唐代大诗人白居易。白居易在杭州做刺史的时候，元稹在会稽为官，二人之间经常有一些诗文唱

元 任仁发《张果见明皇图》中的诗袋 故宫博物院

和，都通过竹筒传递。《唐语林》卷二引《刘宾客嘉话录》："白居易长庆二年以中书舍人为杭州刺史，替严员外休复，休复有时名，居易喜为之代。时吴兴守钱徽、吴郡守李穰皆文学士，悉生平旧友，日以诗酒寄兴，官妓高玲珑、谢好好巧于应对，善歌舞，后元稹镇会稽，参其酬唱，每以筒竹盛诗来往。"这个竹筒后来逐渐演变成诗筒，也被称为诗袋。

在扬之水女士看来，这种说法更多的是一种故事，而真正的来源是邮递用的邮筒。"筒竹盛诗并不是诗人的发明创造，它其实得自通行的邮驿制度，不过因为有此一段文士风流而为之添助一点浪漫。"（扬之水、郭学雷著《笔筒 诗筒 香筒》，刊于《收藏家》2006年第3期，35—37页）诗筒实际上来源于邮驿制度，根据汉代邮驿制度，信件需要密封后才能交给邮驿机构，邮驿机构会在信件外面加一个邮筒盛放信件，以此来避免信件的磨损。

很多人在诗文中记载过诗筒，杨万里的《新路店道中》有诗句："染得

笔头生五色，急将描取入诗筒。"张镃的《夜坐放歌书兴》中有诗句："列星光芒远近同，天河横来压孤篷。溪容一碧看未尽，转入客子诗筒中。筒中满贮千张纸，一路山川供役使。"

李商隐所作的《李贺小传》中道："能苦吟疾书……每旦日出，与诸公游，未尝得题然后为诗，如他人思量牵合，以及程限为意。恒从小奚奴，骑距驴，背一古破锦囊，遇有所得，即书投囊中……上灯，与食。长吉从婢取书，妍（研）墨叠纸，足成之，投他囊中。非大醉及吊丧日，率如此。过亦不复省，王、杨辈时复来探取写去。长吉往往独骑往还京、洛，所至或时有著，随弃之……"（《唐文粹》卷九十九，转引自孟晖《李贺苦吟图赏析》）看来李贺常常让小书童携带一只诗筒，灵感来了，随时写下，投入筒中。除了大醉和吊丧这两种情况，李贺日日如此，可见其诗筒使用频率之高。

宋代诗人梅尧臣出门必带笔墨纸砚，有了灵感，马上记下来，投进诗袋里。欧阳修曾经说梅尧臣的诗超过了自己。

《红楼梦》庚辰本脂批云："诗筒，身边所佩之物，以待偶成之句草录暂收之，共归至窗前，不致有亡也。或茜牙成，或琢香屑，或以绫素为之，不一。"（扬之水、郭学雷著《笔筒 诗筒 香筒》，刊于《收藏家》2006年第3期，35—37页）

关于竹诗筒的制作，王世襄的《竹刻小言》引褚松窗的《竹刻脞语》云："截竹为筒，圆径一寸或七八分，高三寸余，置之案头或花下，分题斋中咏物零星诗稿，置之是中，谓之诗筒，明末清初最多。圆径相同，长七八寸者，用檀木作底盖，以铜作胆，刻山水人物，地镂空，置名香于内焚之，香气喷溢，置书案间或衾枕旁，补香篝之不足，名曰香筒。"（扬之水、郭学雷著《笔筒 诗筒 香筒》，刊于《收藏家》2006年第3期，35—37页）这里记载十分详细——用檀木制作，还有用铜制的内胆。

诗筒功能可能是多样的，里面既可以放诗稿，当然也可放文稿，还可以放放毛笔、墨盒、砚台等物，不然，在旅途中，灵感来了，只有纸，没有笔墨和砚台，也是枉然啊！这样看来，诗筒就像现在的公文包，在宋元明清时代成为文人的标配。

现在，随着诗歌的衰亡，作诗的人越来越少，在互联网时代，人们连写字都很少了，诗筒当然也就没有了用武之地。这种文人雅物只有在古画中才能见到了。

二、文人出行"花样"多

《清明上河图》中有好多人出行，有的骑马，有的骑驴，有的步行，有的乘车，有的乘船，各式各样。有的是短途出行，有的是远途出行。

文人出行

文官出行

在高铁、飞机的时代，我们往往难以理解当时的慢节奏。

在宋代，文官上任大多是远途出行，少的十几天，多的几个月，甚至一年多。宋代允许官员慢悠悠去上任，沿途可以游山玩水。苏轼到杭州上任一下子走了四个月，沿途游山玩水会朋友。仅仅在苏辙家里就住了40多天，在欧阳修家里住了20多天。

皇祐二年（1050）蔡襄在老家为父亲守丧结束，朝廷新的任命也下来了，要他做"右正言直史馆同修起居注判三司度之勾院"。蔡襄于是启程前往东京，沿途游山玩水，会见朋友，写了很多诗文，他把其中13首抄在一起，就成了《行书自书诗卷》，现藏故宫博物院。他在途中写的两封信也留了下来，分别是《思咏帖》《虹县帖》。过去的文人之间喜欢保存来往书信，尤其是一些书法较好的信件都十分被珍视。所以这些帖子才能穿越800多年的历史留存到现在。

现在我们基本不手写信件了，大多只写电子邮件，一个手写信件的时代已经结束。但是，看着这些手写的信件和电子邮件感受差别是巨大的，我们看不到写信人的笔迹，看不到书法之美，世界上从此少了一种美。

蔡襄从莆田出发，最先到达福州，他曾在福州任转运使，写了一首《福州宁越门外石桥看西山晚照》。接着沿闽江乘船行进100多公里，到达南剑州（今福建南平市延平区）。当地太守在闽江和建溪交汇的延平阁为其接风洗尘，蔡襄赋诗《题南剑州延平阁》。然后沿建溪、南浦溪北行200多公里，到达蒲城县，再行20公里，达到渔梁驿。然后进入浙江境内，过仙霞岭的仙霞古道，就到达衢州。蔡襄写诗《自渔梁驿至衢州大雪有怀》。然后，走水路到达睦洲、桐庐、富阳、钱塘，最后到达杭州。蔡襄在杭州停留了两个月，原因是运河还在冰封期。（仇春霞《千面宋人：传世书信里的士大夫》，广西师范大学出版社，2023年3月版，352—363页）然后过杭州，沿着运河直抵东京。

三、科举选才推陈出新

图中在赵太丞家门口大街上正有一位官员骑马出行，有九个随从，显然是一位高级官员，推测应该是通过科举考试高中后得官的。这位官员很文静，一副儒雅气质，显然是文官。

在久住王员外家二楼有一年轻人正在读书，身后的墙壁上挂着书法作品，屋内有一把交椅，还有一个炭炉，推测应该是进京备考的举子。东京每年都有大量

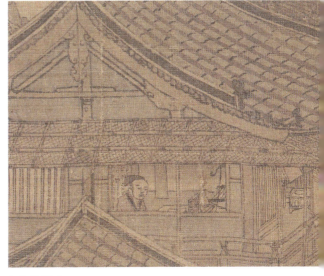

备考的举子

的备考学生，他们采用的这种学习方式被称为游学。张择端就曾经游学于京师，后来，可能科举不成，才改学绘画，不想却成就了千古名作。

一个政府的管理效果如何，很大程度上依赖于它是不是有优秀的官员，应该说，无论古今、无论中西社会上都不缺乏人才，而是缺乏一个好的官员选拔制度。如何选拔官员一直是一个世界级的难题，也是我国历代政府面临的最大问题。汉代推行察举征辟制度，察举征辟制度强调孝与廉，社会评价对一个人能否被举荐有着重要作用。于是有人钻空子，制造假象，获得好评，被征为官。魏晋自曹丕开始实行九品中正制（人品降三级为官品），同样看重社会评价。在社会评价中当然最主要的是名人评价。所以，魏晋时期品评人物盛行。由于门阀士族的存在，高级官职基本都被他们垄断了，以至于形成"上品无寒门，下品无士族"的局面。王羲之曾任右军将军，他能做官很大程度上得益于他的家族。他属于琅琊王氏，是豪门大族，他的叔叔、伯父对东晋的建立贡献巨大。当时人们有句口头禅"王与马共天下"。由此可见王家的势力之大。面对九品中正制的各种弊病，隋文帝开始实行科举制度。

其实南朝梁武帝时期已经开始通过考试选拔官员了，不过没有形成制度。隋文帝正是把科学选材作为一种制度固定下来，在中国通行了一千三百多年。科举制度是一种非常公平的制度，在科举考试面前人人平等，不管任何人，只要通过科举考试，就可以被授予官职，成为社会上流人士。通过科举考试，大批优秀的人才被选拔出来，参与国家管理，其中很多人成为国家的栋梁，比如宋代的韩琦、寇准、范仲淹、欧阳修、苏轼等。

科举考试虽然发端于隋代，但是真正走向成熟和完备是在宋代。宋代对科举制度进行了多方面的改革和创新，使得这一制度更加完备。比如出题人、主考官锁院制度，试卷誊录制度，糊名制度等，使得这一制度更加科学，也更加公平。

1. 确定三级考试模式

宋代科举考试分为解试、省试和殿试三个层级。唐代解试一般在每年冬季的十月至十一月举行，也有说是在七八月举行的。宋代在秋季举行，具体日期不定，解试一般是在州县治所在地。解试也叫发解试。考试合格者被称为乡贡。由州级管理部门送往京城参加礼部举办的省试。解元，又称解首、解头，是指参加解试获得第一名的人。宋代解试包括州试（乡试）、转运司试（漕试）、学馆（太学）试等，每三年举行一次。按照宋代规矩，礼部考试以前，所有参加考试的举子集体觐见皇帝，解元单独列队。有时候只有解元能够朝见皇帝。

省试一般在每年春季的正月举行，连试三天。殿试是最后一关，由皇帝或皇帝指定的人来主持。每逢科举之年，皇帝都要发布专门的诏书，随后各地考生申请报名考试。

对于考生来说沿途路费是一笔不小的开支，有的人需要走上一两个月才能到达京城。为此，宋代政府发给考生公券，凭借公券可以在沿途驿馆食宿，实际上是政府负担沿途路费。这是政府对考生的优待。直到清代，参加省试的考生路费都是由政府承担的。康有为公车上书，实际上说明这些考生乘坐的交通工具是由政府提供的公车。

2. 贡院和贡院制度

唐代已有贡院，但是地点不固定。南宋开始建立贡院。贡院分为中央贡院和地方贡院。中央贡院就是礼部贡院，南宋礼部贡院地点在临安观桥西。临安府贡院在钱塘门外王家桥。这是科举考试的专门场所，其实就是考场，将考场固定在一个地方。礼部贡院是省试的地方。各州县贡院是解试的专门场所。同时，礼部贡院还是一个管理机构，负责对参与省试的考生的信息进行登记、审查核实，同时负责出题、考试监考、录取等工作。

宋太宗端拱元年（988）确立的贡院制度规定："省试前，由御史台派一名官员监门，在都堂帘外设立案桌，唱名给每个应试士子印试纸。阅卷合格，录进士卷供皇帝审阅，诸科则只录姓名。皇帝御定以后，先各书姓名分散报捷，次日再放榜唱名。向皇帝谢恩以后赴国子监谒见孔子像，接着在琼林苑举行两天闻喜宴，首日宴进士，次日宴诸科，都算是皇帝赐宴。宴罢及第者题名刻石于贡院，再由状元牵头，召集同科举人择日聚会，称为期集，列叙名氏、乡贯、三代，叙同年关系。然后登科之人赴吏部试判三道，称为关试，作为吏部选官时的参考。"（虞云国《黎东方讲史之续：细说宋朝》，上海人民出版社，2019年5月版，101页）这一制度比较全面，涉及监考、钦定、拜孔子、报捷、赐宴、唱名、刻石、关试等。

我国古代绘画中很少有绘制科举考试的场景，明代余士、吴钺为我们留下了一个科举考试的场景。他们二人绘制的《徐显卿宦迹图》是一个册页，共26幅，其中第11幅描绘了科举考试的场景，十分难得。

明代　余士、吴钺共同绘制《徐显卿宦迹图·棘院秉衡》　故宫博物院

清　梁亯《观榜图》局部　台北故宫博物院

　　科举高中之后，有捷报人员专门报知。宋代有榜下捉婿的习俗，一些豪门高官之家的女儿专门等到科举放榜的时候选择夫婿。这些人家的仆从专门选择高中的进士，拉到家里，作为女婿。这些进士一般都会有很好的前程，选择这样的人作为女婿，女儿以后就会有幸福的日子。《儒林外史》中《范进中举》一节，范进疯了，老丈人弄了些钱打发捷报人员。清代画家梁亯曾经画过一幅《观榜图》，把高中者、落第者刻画得十分逼真。城门下，人们举着火把来观榜，落第者十分失落，好几个人被人架着离开现场。

　　北宋的省试考试地点一般不固定，武成王庙（姜太公庙）、孟昶故第、开宝寺、太学等

清　佚名《线描市井七十二行街头买卖巨幅图册-2》局部
捷报人员

都曾经作为考试地点。考试前，全体考生要觐见皇帝，嘉祐二年（1057），6500名考生集体觐见皇帝，林希作为代表还发表《开封府群见致辞》的讲话。

关于考试内容，各个朝代差距很大，一个朝代的前后考试内容往往也会有很大差别。在隋代，科举考试的内容没有明文记载，唐代主要考试内容为墨义、口试、策问、帖经、诗赋和武举等。宋代侧重考试经义、诗赋和策论。《文献通考》卷三十记载道："凡进士，试诗、赋、杂文各一首，策五道，帖《论语》十帖，对《春秋》或《礼记》墨义十条。"其中"杂文"相当于论，"帖"相当于填空题，"墨义"和今天的默写差不多。宋徽宗在科举中设道学，考中者给予道教官职，并领取官方给予的俸禄。全国道教官职共有二十六阶。

元代主要考试经义，明代主要是八股文，清代沿袭明代的做法。

唐代考试在夜间举行，发给学生蜡烛以供照明。宋代全部改为白天考试，作弊更容易被发现。作弊主要是夹带小抄，福建建阳是出版中心，一些无良出版商专门出版考试作弊用的小开本图书，被称为巾箱本。作弊一旦被发现，轻则禁试一两届，重则终身禁止参加科举考试。笔者曾经在河南大学博物馆参观过一个科举考试作弊展览，考生作弊手段五花八门，有的考生在一件内衣上写满了密密麻麻的文字，字号很小，都是蝇头小楷。可见是下了大功夫的。

考试作弊基本可分为两个方面：一个是考生夹带考试资料进入考场作弊；另一个就是与主考官勾结，主考官对考生试卷给予人为拔高。第一种情况主要是靠考场检查是不是有夹带，同时严格监考，避免考生作弊。第二种情况主要是靠制度来最大限度地减少主考官对某个考生试卷的特殊照顾。

贡院的格子间非常小，考生吃喝拉撒都在里边。考生要带有考篮，里面装有食物等。一考就是三天。

3. 科举高中者中平民出身大幅提高

唐代虽实行科举制，但是真正的平民通过科举考试进身官僚阶层的屈指可数，大多数官员仍然主要来源于豪门士族，比如陇西李氏、清河崔氏、太原王氏、博陵崔氏等。宋代与唐代不同，大量贫寒人家的子弟通过科举考试进入官僚队伍，"升入政治上层者，皆由白衣秀才平地拔起，更无古代封建贵族及门第传统的遗存"（钱穆语）。据学者对南宋宝祐四年（1256）《登科录》的统计，在601名宋朝进士中，平民出身的有417名，官宦子弟有184名，寒门进士占了绝大多数。（吴钩，《自序：一个站在近代门槛上的王朝》，载于《宋：现代的拂晓时辰》，广西师范大学出版社，2015年9月版，10页）

《岳阳楼记》的作者范仲淹，年轻时家里很穷，借住在寺院读书，带的米不够吃，他就煮成粥，晾凉后切成块，分几顿来吃。大文学家欧阳修小时候家里买不起笔墨纸砚，就用芦苇秆在沙地上写字。最后他们都通过科举考试成为国家的栋梁之材，为国家的治理、文化的发展作出了巨大贡献。

尽管唐代实行科举制度，但是，通过科举进入官员队伍的人数占官员总数的比例仍然很小，只有15%，而宋代这一比例则有很大的提高，占比是40%。（贾冬婷、杨璐编著《我们为什么爱宋朝》，中信出版集团，2018年1月版，8页）

4. 锁院制度

现在我们的很多考试都实行出卷人封闭制度，也就是试卷在出题阶段至考试结束出题人都要被封闭，不能与外界联系。实际上在宋代已经有了这种制度，科举考试试卷出题人员完成出题任务以后就被封闭起来，使得出题人根本没有机会泄露题目，直到考试结束。主考官也是如此，保证了考试的公平性。这项制度开始于宋太宗淳化三年（992）。当年苏易简被任命为主考官，苏易简直接奔赴贡院，以此回避人情，从此成为制度，被沿袭下来。这和现代的考试制度已经十分接近。应该说，宋代科举制度在公平、公正方面做出了很多有益的探索，对后世科举制度影响巨大。中国的科举制度是在宋代完善的。

宋仁宗嘉祐二年，欧阳修担任考官，依照规定进行锁院。欧阳修在《礼部唱和诗序》中说道："嘉祐二年春，予幸得从五人者于尚书礼部，考天下所贡士，凡六千五百人。盖绝不通人者五十日，乃于期间相与作为古律长短歌杂言，庶几所谓群居燕处言谈之文，亦所以宣其底滞而忘其倦怠也。"出题人要与外界隔绝50天，为了打发日子，只好作诗文消遣。

5. 殿试制度化

科举考试虽然发端于隋代，但是真正走向完善是在宋代。唐代科举考试只有两级：解试和省试。虽然武则天时期曾经举行过殿试，但是仅是偶尔的行为，没有形成制度。宋太祖使殿试制度走向完备，宋太祖开宝六年实行殿试，并且从此成为制度。尤其是在宋太宗时期，对科举考试制度完备贡献很大。宋太宗时期确立了主考官锁院制度、考卷糊名制度、进士唱名赐第制度、闻喜赐宴制度等，真宗时期制定了考卷誊录制度。这些制度都使科举考试走向完备，对科举考试制度的贡献是巨大的，被后世沿袭了900多年。这些做法在世界公务员考试的历史上都值得大书特书。

6. 取消干谒和投卷

应该说，宋代科举制度的公平性大大高于唐代。在唐代，很多考生在进行省试以前，要进行干谒和投卷，也叫赀文、投献等，其实就是事先与主考官沟通关系，这是公开的秘密。对于那些显贵来讲，他们的人脉丰富，干这件事易如反掌。李白、白居易、杜甫、孟浩然、李贺、朱庆余都曾干过这种事。但是，这是制度允许的。朱庆余甚至和主考官通过诗来传递情报。干谒和投卷对于贫寒人家的考生来讲则比较难，他们往往很难与主考官扯上关系。宋代前期，也继承了这一制度，苏轼的父亲苏洵就是通过向欧阳修行卷而得到欧阳修的褒扬，当时的欧阳修已经是文坛盟主，他的褒扬和推荐当然效果显著，苏洵因此闻名京城。

7. 科举考卷糊名制度

自从有了考试，就有作弊行为，一些投机取巧之徒总是千方百计地作弊。作为主考方要想尽办法避免考生作弊。唐代为避免评阅试卷的官员认出考生的试卷，已经开始实行糊名制度，也就是把考生的名字密封住，不让评卷人看见。直到今天，我们的高考仍然这样做。这种做法已经有一千多年的历史了，可谓历史悠久。

宋代沿袭唐代做法，对试卷实行糊名制度。唐代的糊名是考生自己糊，操作不标准。宋代有专门的部门进行糊名，宋代的糊名制度被称为弥封制度。弥封开始于宋太宗淳化三年（992）。首先是在殿试采用糊名制度。明道二年（1033）将糊名制度推广到州试一级，也就是解试。

8. 誊录制度

在对试卷进行糊名时，由专门部门先对试卷进行编号，编号对应具体考生，然后裁去卷首部分，将试卷送到誊录部门进行抄写。试卷评阅人员再也无法通过字迹辨认出某人的试卷了。唐代考试没有誊录制度，给考试作弊提供了方便，主考官完全有可能通过笔迹认出某人的试卷，评分就可能失去客观性。

誊录制度始于景德二年（1005）的殿试。景德四年，颁布《亲试进士条例》，正式将誊录列为一种固定的制度。大中祥符八年（1015）设立专门机构——誊录院，省试也开始采用誊录制度。很快在解试中也开始实行这一制度，誊录制度全面铺开。

宋代参加省试的人数众多，一般都在五六千人，考三场，试卷一万多份，需要大量的抄书手。这项工作十分繁重。

9. 科甲才是正途

参加科举本来是为了做官，但是有的人做了官之后还要参加科举考试，这是为什么呢？自宋代开始，凡是通过科举考试得官的，被视为科甲正途，比较光鲜，而那些靠恩荫和其他手段得官的就矮人一截，有时候会受到他人的歧视和调侃。

苏舜钦，字子美，其祖父苏易简考中进士，做过宰相，苏舜钦因祖父的恩荫得了个小官，为此他经常受到别人的歧视或者嘲笑，他自己也觉得矮人一截，所以就去参加科举考试，最后高中进士，从此腰杆才硬起来，再也不被人嘲笑了，这就是真正的科甲正途。估计有苏舜钦这样勇气的人可能不多，有他这样智力的人也不多。宋代对于已有官职但不是通过科举考试的官员专门设置"锁厅试"。宋代对这些考生非常严格，首先要经过部门长官测试合格才可以参加考试。宋真宗天禧二年（1018）规定，如果参加礼部省试不合格，官职就会被撤销，考生和举荐人都要治罪。参加考试时，他们要单独在一个考试的房间，严防作弊。即使考试优异的，也不能成为状元；即使殿试第一，也要被降为第二。沈遘是一位官员，于宋仁宗皇祐元年（1049）参加殿试，成绩第一。但是，仁宗皇帝将沈遘降为第二，以冯京为第一。（姚瀛艇主编《宋代文化史》，河南大学出版社，1992年2月版，110页）应该说，参加锁厅试的人都是有勇气的，他们冒着丢掉官职的危险也要为科甲正途搏一搏。

宋代进士分为三等：一等是进士及第；二等是进士出身；三等是赐同进士出身。

明清也是这样，那些靠恩荫得官的人自觉矮人一截，往往不理直气壮。这是一种社会风气，意思是说要靠自己的本事来做官，而不是靠长辈恩荫。科甲正途在官员队伍中成为一种习惯性认知，得到大家的普遍认同。不仅如此，在官员队伍中即使是考中举人，没有经过殿试考中进士，也要矮人一截。左宗棠是晚清重臣，大名鼎鼎，非常有才智，为国家作出了重大贡献，尤其是其收复新疆，备受赞誉。但是他仅仅是一个举人，没有考中进士。太平天国运动期间，他刚刚出来做事，在湖南巡抚张亮基的手下做幕僚。

张亮基很信任左宗棠，让左宗棠主管军事，有些人因此嫉妒左宗棠。湖广总督官文的外甥樊燮也在张亮基的幕府，虽然自己没有什么本事，但是非常看不上左宗棠，有一次直呼左宗棠为"左师爷"。师爷是吏，不是官，这是公开嘲笑左宗棠。左宗棠觉得非常没有面子，大怒，狠狠地打了樊燮一个耳光。

樊燮将左宗棠告到官文那里，他们都是满族，官人认为左宗棠蔑视满族的尊贵地位，于是告到咸丰皇帝那里。咸丰也很生气，左宗棠面临非常危险的境地。曾国藩、郭嵩焘开始为左宗棠奔走。最后他们找到后来成为咸丰皇帝顾命八大臣之首的肃顺。肃顺比较开明，深深为左宗棠捏了一把汗。于是肃顺出面找到在满汉官员中都有很高威信的潘祖荫。潘祖荫面见咸丰皇帝，告诉咸丰皇帝左宗棠的真实情况，并且说："天下不可一日无湖南，湖南不可一日无左宗棠。"咸丰皇帝非常吃惊，后悔自己听信一面之词，差一点就伤害了一位抗击太平天国的干将，由此开始非常重视左宗棠。樊燮被打耳光一事自然不了了之。

这个故事版本很多，相互之间在细节上有出入，有兴趣的读者可以自己去研究。但是，无论如何，这件事都是由人们对所谓的科甲正途认知引起的。由此可见，这种认知的普遍性和牢固性。

10. 设立特奏名

宋代为鼓励大家参加科举，专门设立特奏名。特奏名又名恩科、恩榜，目的是照顾那些屡试不中的参考人员。特奏名于宋太祖开宝三年（970）开始设立，当年三月由礼部选择那些参加进士科、诸科十五次以上者共106人，特赐给"出身"。宋太宗于太平兴国二年（977）、雍熙二年（985）两次下诏重复上述政策。真宗景德二年开始正式使用"特奏名"一词。后来制度逐渐放宽，仁宗景祐元年（1034）正式出台规定："进士五举年五十，诸科六举年六十，尝经殿试；进士三举、诸科五举及尝预先朝御试，虽试文不合格，毋辄黜，皆以名闻。"（《续资治通鉴长编》卷114，景祐元年正月癸未条）这里增加了年龄限制，但是参加科举考试的次数大大降低了，由十五次降低为六次、五次，而且规定需要曾经参加过殿试等考试才可以。在一个考生的一生中，能够参加的科举考试次数是有限的，在宋初，对于参加先朝科举考试的次数也算数。

北宋前期特奏名不需要考试，直接赐给，自真宗大中祥符八年（1015）开始，需要参加殿试，时间一般是在正奏名后第二天。特奏名考试内容相对简单很多，有些只具有象征意义，部分年老者还可以免试。神宗元丰年间，一位老儒生只在卷面上写了"臣老矣，不能为文也。伏望陛下万岁，万岁，万万岁"。结果获得初品官，食禄终身。

特奏名考试相对于正式考试简单很多，不需要通过解试、省试，只要有所在州推举到礼部，由礼部核准，可以直接参加殿试。凡是参加殿试的特奏名人员，不论殿试合格与否，都赐给出身或官衔。和正式考试考中者地位、身份一样。这些人得官一般品级较低，或者不得官，只给虚衔，不授给实职。但是，他们因此可以成为乡贤，在基层社会中成为有威望有地位的人。特奏名进士实际上是一种对待多次参加科考考生的特殊照顾。其目的在于笼络读书人，使他们不至于走向政府的反面。

两宋特奏名进士人数非常巨大，合计28330人。通过正式考试录取的进士合计42350人（傅璇琮、龚延明、祖慧编《宋登科记考》）。特奏名人数相当于正式进士的66.9%，将近70%，可以说数量巨大，特奏名赐给确实有点滥。

11. 考中即授官

宋朝进士及第就可以马上做官，基本不需要等待。唐代科举考中者，不是立即授给官职，而是要再通过吏部的考试，才能授给官职。这一过程有时候很长，进士需要漫长的等待。吏部试，也被称为"关试"，主要考察体貌、言辞、书法和判案等能力，要求体貌端庄、善于辞令、书法要好、判案能力突出。吏部试也被称作"释褐试"。"褐"是指粗布衣服，这里是指平民服装。关试通过以后，就可以脱去平民服装，穿上官服，正式踏入仕途，所以叫"释褐试"。韩愈于唐德宗贞元八年（792）考中进士，第二年参加吏部试没有通过，十年（794）、十一年（795）两次吏部试又没有过，贞元十七年（801）才通过吏部试，被授国子监四门博士一职。韩愈这一等就是九年啊，如果放到宋代，韩愈就不用等这九年了。

从北宋太宗时期起，第一甲一般被授予通判或知县，也就是县级正职。其他进士授州县的判、司、簿、尉等副职属官。苏轼进士及第后被授凤翔通判一职。明代进士不立即授予官职，而是先分派中央各部门观政，然后授给官职。

12. 宗室科考

在宋代初年，宗室不准参加科举考试。后来，虽然允许宗室人员参加科举考试，而且相对于普通人参加的科举考试试题要简单一些。但是宗室人员考中之后一般不授予实职，大多是授给一些名誉性官职。宋徽宗第三子郓王赵楷在政和八年（1118）中进士。

大中祥符（1008—1016）以前，不允许皇族参加科举考试，熙宁二年（1069）以后，五服以外的皇族子弟可以参加科举考试，考中之后还可以担任地方官。皇族参加的科举考试和一般人参加的科举考试不一样，试题总量少很多，录取比例也很高。南宋时期，宗室弟子参加科举考试的数量很大，宗室科举考中"一甲至三甲"人数比例由25%上升至33%，整整占了三分之一，这个比例确实够高的。很多宗室子弟通过科举考试被授予官职。

13. 兴办学校

宋代为配合科举制度，开始大规模兴办学校，北宋历史上有三次著名的兴学：范仲淹主持的"庆历兴学"、王安石主持的"熙宁兴学"、蔡京主持的"崇宁兴学"。通过这三次兴学，宋代小学得到普及。此外还有很多学院，是当时的高等学府，相当于今天的大学，比如白鹿洞书院、岳麓书院、应天书院、嵩阳书院等。小学与大学大大提高了宋代的教育水平。

宋代推行"崇文抑武"的政策，宋代文人社会地位很高，文人成为主导国家管理的中坚力量。文人的审美成为审美的主流，同时文人画兴起。

14. 僧人、道士不得参加科考

有些僧人、道士禁不住世俗的诱惑，也参加科举考试，北宋政府屡次禁止。太平兴国八年（983），太宗颁布诏书："朝廷比设贡举，以待贤才，如闻缁褐（僧人）之流，多弃释老之业，反袭褒博，来窃科名。自今贡举人内有僧道者，并须禁断。"宋仁宗制定的科举保举法中也明确要求被保举人不能有僧道人员。

15. 宰相、枢密使多为科举考中者

在宋代，居于国家政权核心地位的宰相、枢密使多是科举考中者。据近人统计，唐代共有宰相524人，以进士出身者为232人，占44.28％，以明经、恩荫等出身者为292人，占55.73％……在北宋的71名宰相中，有64名是进士或制科出身，除赵普等四名开国元老外，由恩荫出身的只有贾昌朝、陈执中和吴敏三人；而南宋的63名宰相，则全为进士出身。（何忠礼著《略论宋代的科举迷信及其对士人的影响》，刊于《浙江大学学报》2009年01期）整个北宋时期共有宰相71人，其中科举出身者64人，约占90％。整个宋代共有正副枢密使724人，其中文官659人，约占91％。（张邦炜著《两宋王朝史：赵宋王朝320年间的兴亡起伏》，郑州大学出版社，2021年9月版，62—63页）

官僚阶层中大多数都是科举考试考中的人员，"满朝朱紫贵，尽是读书人"。（张端义《贵耳集》卷下）由于科举考试的激励，再加上宋太祖、宋太宗、宋真宗的大力倡导，整个社会读书氛围十分浓厚。这是宋代社会发达的主要原因之一。

16. 选拔出大量优秀人才

北宋仁宗嘉祐二年的一榜出人才最多，有苏轼、苏辙、曾巩、张载、程颢、吕惠卿、章惇等，这一榜被称为"千年龙虎榜"。苏轼、苏辙、曾巩位列"唐宋八大家"，占了"唐宋八大家"的八分之三。张载是著名的哲学

家，提出"为天地立心，为生命立命，为往圣继绝学，为万世开太平"的重要命题，成为知识分子的理想，被后世不断传扬。程颢是"二程"之一，著名哲学家，对宋代哲学思想贡献巨大。吕惠卿、章惇也是北宋政坛有重要影响力的人物，二人都曾是宰相。

17. 考中者的特权

考中进士的人皇帝授给绿衣，进士们穿着绿衣游街，他们被称为绿衣郎，那是一种无上的荣耀。皇帝还要赐宴，最开始是在金明池边上的琼林苑，所以此宴又被称为琼林宴。

18. 对科举制度的再认识

清代末年一些进步人士极力批评中国的科举制度，导致清政府废除了科举制度。当然，清末的科举制度确实有很多弊病，比如八股文考试等。但是，从人类历史上来看，中国的科举制度在很长一段时间内都是最优秀的人才选拔制度。中国在世界上最早发明考试选才的制度。而同期的欧洲，基本是贵族世袭制，平民再有本事，也没有办法成为官员。中国的科举制度为每一位读书人提供了平等的上进机会。当然，进入近代以后，各种弊病暴露出来，并最终被代替，但我们不能因此否定科举制度的历史先进性。

1905年清政府废止科举制度，通行1300多年的制度就此寿终正寝。但是，有人开始后悔，认为不该废除科举制。梁启超在《官制与官规》中说："科举并不是一个坏的体制，是我们的祖先在一千年前的一大发明。自从这个体制实行以后，我们国家贵族和寒门之间的界限就消失了，因为寒门很快通过文化考试就成为官员。由于这个体制实行，全体国民不要他人劝说，就在学习当中奋斗。这个体制对于我们国家功劳极大。现在外国人正拣着科举制度的一些优点，自夸自耀，而我们却把自己创造的体制丢掉了，因噎废食，所以我不能不大声呼吁恢复科举。"

有研究表明，现在通行于西方的文官制度，在很大程度上吸收了中国科举制度的合理成分。孙中山在《五权宪法演讲录》中说："现在欧美各国教育制度好，教育制度首先要考试制度，入学和毕业考试制度，但这个考试制度差不多都是学英国的。但是你一问英国，英国人告诉你，我们的考试制度是从中国学来的，所以中国古代的科举考试制度，是世界上选拔真才的最老也是最好的制度。"

历史学家钱穆在《中国历代政治得失》一文中说："直到晚清，西方人还用我们的科举制度来弥补他们政党选举的弊病。而我们呢，却把我们实行了一千多年的考试制度，一口气丢弃了，这实在是一件非常奇怪的事情。清代末年，好多人想变法，把这个制度也连根拔去了。所以民国以来政府用人就完全没有标准了。你看人事纷争，派系倾轧，结党营私，到处都是病象，举不胜举。由此可见，我们把科举制度看轻了，以为要不得，结果举九州之铁而铸成大错。"

这些话我们过去都是很少听说过的，这些伟人不是愤青，他们是理性的，是经过认真思考甚至做过认真考察做了中西对比以后才说出来的，对科举制度的评价值得深思。

科举制度虽然已经过去，但是在古代中国这一制度起着非常重要的作用，是一种非常优秀的人才选拔制度。这一制度在很大程度上促进了社会读书活动，对推动文化事业的发展有着重要作用。

四、从识字率到宋代教育系统

《清明上河图》中的很多标牌上面都有文字，那么走在大街里的人们究竟有多少人识字呢？

出于科举的原因，宋代读书之风大盛，这是空前未有的。"万般皆下品，唯有读书高"成为社会共识。加上宋代雕版印刷术的成熟，社会上有大量的书籍供应，给读书人提供了极大的便利。唐代即使大家想读书，也很不

赵太丞家门口的招牌

孙羊正店边上十字路口的招牌

方便，唐代图书的拥有量是有限的，书主要靠手抄写，生产速度很慢。另外，唐代的书主要是卷轴装，阅读起来很不太方便。宋代的书是册页装，包括蝴蝶装和包背装，和我们现在的书没有太大的区别，阅读起来非常便利。

按照程民生先生的估计，宋代识字率约为8%。（程民生《宋代民众文化水平研究》，社会科学文献出版社，2022年8月版，465页）

1. 皇帝是读书达人

宋太祖自己很喜欢读书，据《续资治通鉴长编》记载，宋太祖"独喜观书，虽在军中，手不释卷，闻人间有奇书，不吝千金购之"。宋太宗对书籍十分重视，《宋会要辑稿·崇儒》记载，太宗说："夫教化之本，治乱之原，苟非书籍，何以取法？"道德教化、国家治理都有赖于书籍。宋太宗曾经在一年之内读完1000卷共计500万字的《太平御览》，平均每天要读1.37万字。皇帝本来就很忙，一年还能读完1000卷500万字的书，实属不易，如果不是出于爱好，是很难做到的。显然，皇帝不仅倡导他人读书，自己还率先垂范，本身就是读书达人。不要说在宋代，就是在今天又能有几人年读书超过500万字呢？恐怕很少。

宰相赵普读书很少，赵匡胤多次劝赵普读书，"太祖常劝以读书。晚年手不释卷，每归私第，阖门启箧取书，读之竟日"。后来，"半部《论语》治天下"的故事就是来自赵普。

为了推动阅读，宋代皇帝都十分重视图书收集和出版事业。宋太祖号令百姓献书，充实皇家藏书。南宋时期，皇家图书馆每年举办晒书节，大臣可以前往观看，皇帝还要赐宴。在晒书节，人们不仅能免费读书，还能得到皇帝赐的美食。

宋真宗为鼓励人们读书专门写了一首《劝学诗》，其中有"书中自有颜如玉，书中自有黄金屋"。这两句诗传播很广，几乎成了中国人的口头禅，对促进读书作用巨大。

宋代以文治国，科举制度在客观上鼓励读书，私人藏书风气很浓，家庭藏书过万卷者大有人在。

2.北宋三次大规模兴学

宋代历史上有三次大规模的兴办学校运动，范仲淹"庆历兴学"，王安石"熙宁、元丰兴学"，宋徽宗"崇宁兴学"。通过这三次兴学，宋代小学得到普及，州县都有小学。据《长编拾补》卷24记载，崇宁三年（1104）全国学生总数达到21万人。《宋史》卷155《选举志一》记载："学校之设遍天下，而海内文治彬彬矣。"

宋代学校分为官学和私学两部分，官学分为中央级学校和地方学校。中央级学校主要有国子学、律学、武学、医学，宋徽宗时期还增加了画学、书学和算学。国子学在北宋初主要招收京朝官七品以上官员的子孙入学。后来条件逐渐放宽，一般文武官员的嫡亲子孙都可以入学，甚至外地常驻京师的举人也可以入学。太学原来是国子学下设的三馆。庆历四年（1044）太学专门建校，凡是八品以下官员子弟或者无官职的普通人的子弟优秀者都可以入学，宋神宗熙宁元年（1068）太学生有900多人。宋代政府给太学生以优厚的待遇，熙宁四年（1071）太学实行三舍法，学生分为外舍、内舍、上舍，根据定期考试，层次逐渐提高。熙宁五年（1072）政府规定，外舍生每月发津贴850文，内舍生和上舍生每月发津贴1090文。崇宁三年，外舍生每月津贴1240文，内舍、上舍生每月津贴1300文。熙宁年间还规定，上等学生可以直接授给官职；中等学生可以不通过解试、省试，直接参加殿试；下等学生可以免除解试，直接参加礼部主持的省试。（《玉海》卷112《学校·元丰太学三舍法》）崇宁三年规定，废除科举考试中各州县的解试和礼部省试，全部改为由太学生中选拔参加殿试人员，即所谓的"天下取士悉由学校升贡"。（《宋史》卷155《选举一》）宣和三年（1121）又恢复了解试、省试，但是从太学生中选拔参加殿试人员依然存在，而且地位要高于参加解试、省试过关的人员。（姚瀛艇主编《宋代文化史》，河南大学出版社，1992年2月版，84—85页）

律学主要是教授法律，宋代法律非常全面，需要大量的法律人才。武学是培养军事人才的学校。医学是培养医学人才的专门学校。算学、数学、画学等都是专门学校。

地方州县学。宋初州县学很少，庆历四年，范仲淹建议"令州县皆立学"，这一建议被批准，全国州县普遍开设官立学校。唐代州县学只招收品官子弟，宋代学生入学资格不受限制。王安石改革期间，下令各地州学配备教学人员，元符二年（1099）诏令州学实行三舍法，并定期向太学推荐学生。宋徽宗崇宁元年（1102）蔡京建议"天下皆置学……县亦置学。县皆置小学，推三舍法，遍行天下"。这里明确不仅每州要有官立学校，每县也都有，县里还要设小学。小学在全国得到普及。

政府办学也促进了民间办学的发展，宋代除官立学校以外，还有大量的私立学校，其中主要是私塾，遍及城镇和乡村，几乎村村有私塾。这些私塾学费不贵，每日也就一两文钱，大多数人都能够供孩子到私塾读书。小学的普及对提高识字率作用十分明显。

3. 宋代高等教育

宋代兴起了一股兴办书院的风气，各种书院很多，如白鹿洞书院、岳麓书院、应天书院、嵩阳书院、鹅湖书院、白鹭洲书院、石鼓书院、应天府书院、茅山书院等。据学者统计，北宋兴复书院73所，南宋有书院442所，可以说是空前未有。书院在起始阶段大多是私人性质，后来很多书院转为官办。这些书院至今仍然被奉为教育圣地。一些思想家往往通过设立书院、在书院授课阐述自己的学术思想。朱熹在《石鼓书院记》中说："予唯前代庠序之教不修，士病无所于学，往往相与择胜地，立精舍，以为群居讲习之所。而为政者乃或就而褒表之，若此山，若岳麓，若白鹿洞之类是也。""庠序"是古代地方办的学校。"精舍"是指儒家学者讲学的学社。朱熹在这里是说，因为官府学校不完善，学生苦于无学习之所，学者们组织起来，在一些风光秀丽的地方建造书院，讲课交流。官府有的给予褒扬。朱熹一生在各地书院，比如白鹿洞书院、岳麓书院讲学，在这些地方阐述、宣传自己的理学思想。这些书院在高端引领社会的读书风气。

4. 武官也需要识字

从宋太祖开始，几代皇帝都在强调武将需要识字，选拔武官一个必备的条件就是要识字。宋太祖说："朕欲武臣尽读书以通治道。"这是一种倡导，在社会上起到了一种导向作用。这种导向使得军队中出现了一大批文武双全的将领。狄青由普通士兵一直做到最高军事长官枢密使的位置，一个重要原因，就是狄青自小识字，在西北边防从军期间，又得到范仲淹的提携，手不释卷，对古代将兵策略、阵法十分精通。其他还有张永德、冯守信、马知节、种师道、杨崇勋、吴玠、刘锜、王延德等，都是爱读书的武将，他们中有些人还有很多著述，比如王延德著有《司膳录》《皇城纪事录》《南郊录》《版筑录》《永熙堂皇录》等。

武举在唐代就有。宋代也开设武举，武举考试中重要的是《孙子兵法》《吴子》（吴起著）、《六韬》等兵书，其中《孙子兵法》主要讲作战原则，很少谈及具体的战法。《吴子》是具体讲战法、阵法的。宋代武举不是一味地单考骑马、射箭等武术。从宋仁宗天圣八年（1030）开始到宋度宗咸淳十年（1274），240年间共举办武举77科，录取2516人。（张希清《论宋代科举取士之多与冗官问题》，北京大学学报（哲社版）1987年第5期）

北宋时期，驻守西北的军队中专门有一支一千人的队伍，每个士兵都识字。（程民生《宋代民众文化水平研究》，社会科学文献出版社，2022年8月版，122页）

宋洪迈在《夷坚志·丁志·李苙遇仙》中记载，南宋时，济南人李苙在临安军营中办学校，是收费的，士兵交钱学习，证明军方是允许的。

在北宋末期，识字将士约10万，约占百万军队总数的10%。（程民生《宋

代民众文化水平研究》，社会科学文献出版社，2022年8月版，134页）

5. 僧道大多识字

宋代僧人、道士经考试合格后才发给度牒，成为合法的僧人、道士。这种考试被称为"童行"。所谓童行，就是在寺院里没有获得度牒的学徒，他们要努力学习佛经，一般都拜一位僧人为师父。"童行"考试由所在州郡的通判主持，而不是由寺院主持。考场也在官府，而不在寺院。考试要求考生必须能够念经多少页，比如福建泉州的考试，要求考生念经500页。宋代僧道考试念诵的经书一般每页25行，每行17字，每页425字。这样算下来，500页就是21.25万字。（程民生《宋代民众文化水平研究》，社会科学文献出版社，2022年8月版，141页）正常语速读书一般是每分钟150～300字，以每分钟阅读300字来计算，需要708分钟，也就是11个多小时，基本上需要整整一天的时间。考试还有提问环节，主考人员说出佛经中的四个字，参考者需要接着向下背诵。

据周紫芝的《竹坡诗话》记载，苏轼在杭州任通判期间，曾经主持童行考试。有一个叫思聪的人作诗很有名。苏轼对其他考官说："此子虽少，善作诗。近参寥子作'昏'字诗韵，可令和之。"思聪马上和了一句："千山乱点横紫翠，一钩新月挂黄昏。" 参寥是一位僧人，是苏轼的好朋友。苏轼"大称赏，言不减唐人。因曰：'不需念经，也做得一个和尚。'"就这样免试佛经，直接给予通过。

获得度牒的考试分为两级，首先是州一级的考试，其次是朝廷考试，两级考试都通过才可以发给度牒，十分严格。国家级的考试一般都由执政大臣担任考官，比如，据欧阳修《归田录》记载，宋仁宗景祐三年（1036）下诏童行考试是诵读《法华经》，两位副宰相宋绶、夏竦都是监考官。"宋宣献公绶、夏英公竦同试童行诵经。有一行者，诵《法华经》不过，问其'习业几年矣'，曰'十年也'。二公笑且闵之。因各取《法华经》一部诵之，宋公十日，夏公七日，不复遗一字。人性之相远如此。"这里只是说二位副宰相都很同情这位僧人，没有显示这位僧人是不是通过了考试。但是，宋绶、夏竦每人拿了一部《法华经》，宋绶10天就会背了，夏竦7天就会背了，不漏一字。可见人与人之间的差别非常大。但是，也不排除这位僧人没有认真读经，混天熬日月，当了十年的僧人，竟然不能背诵全篇8万字左右的《法华经》。

这样通过考试的僧人、道士都是识字的，而且识字量很大，读书完全无障碍。所以，僧人、道士的识字水平要远远高于一般平民。但是，买卖度牒就不能保证僧人、道士识字。宋代政府出卖度牒是一种非常常见的情况，有时财政困难，就通过卖空白度牒筹集资金。有些寺院或僧人直接通过购买获得度牒。据程民生先生观点，北宋后期以来很多僧人、道士是通过购买度牒剃度的，这些人的文化水平难以保证。

寺院里有早课、晚课，都是诵经，这些活动都需要识字。

根据程民生先生的观点，北宋末期有100万僧道，其中约有30万不合格者，有文化的僧道人员约70万人。（程民生《宋代民众文化水平研究》，社会科学文献出版社，2022年8月版，174页）这也是一个了不起的识字群体。

6.普通人重视教育

由于科举制度的示范效应，普通人家对孩子的教育也比较重视，富弼向宋神宗报告："负担之夫，微乎微者也，日求升合之粟，以活妻儿，尚日拿一二钱，令厥子入学，谓之学课。亦欲奖励厥子读书识字，有所进益。"（李焘《续资治通鉴长编》，中华书局，2004年9月版）可见，小学每天的费用是一两文钱。同时说明，即使是贩夫走卒这些社会底层人员，每天也会拿出一两文钱让孩子读书。袁道是四川人，家里非常贫穷，母亲以织席为业。袁道自己也通过劳动给家里提供买油盐酱醋的钱。有闲空的时候，就给邻家学堂打杂工，以此来补学费。时间长了，老师被他的勤勉感动，尽力教他。袁道学习也更加勤勉，学成后参加考试，中了举人。

历史上福建人重视教育是出了名的。北宋中期的福州，"城里人家半读书""学校未尝虚里巷"。（宋梁克家《淳熙三山志·岁时·入学》，转引自程民生《宋代民众文化水平研究》，社会科学文献出版社，2022年8月版，444页）也就是说，福州城里一半的人家读书，每一里巷都有学校。这样的读书普及率是很高的。

7. 雕版印刷术的成熟与普及

雕版印刷术虽然起源于唐代，但是在唐代通过雕版印刷的书籍十分有限，经过五代的发展，至宋代雕版印刷技术已经十分成熟，形成了多个雕版印刷中心，如东京汴梁（开封）、浙江临安（杭州）、成都、福州、建阳、苏州、婺州等。这些地方不仅有官府刻书，还有书院刻书、寺院刻书、书坊刻书、私人刻书等。宋代雕版速度快，印制速度快，生产了大量优秀图书。

苏轼（1037—1101）对图书的普及深有感触，他说："余犹及见老儒先生，自言其少时，欲求《史记》《汉书》而不可得，幸而得之，皆手自书，日夜诵读，唯恐不及。近岁世人转向摹刻诸子百家之书，日传万纸，学者之于书，多且易致如此。"（苏轼撰，孔繁礼点校：《苏诗文集》卷十一《李氏山房藏书记》，中华书局，1986年版，359页）翻译过来就是，一些老儒生年轻时连《史记》《汉书》都很难找到。现在刻印百家之书，速

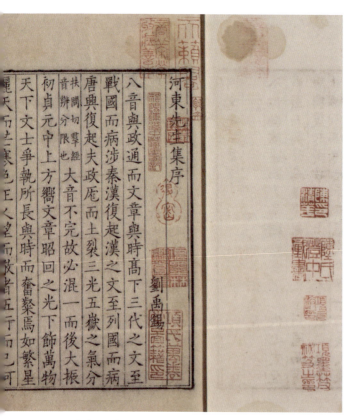

南宋　贾似道门人廖莹中刻印的《河东先生集》内页

度很快，学者们得书已经十分容易。

宋代政府重视出版事业，政府在宋初出版了《太平御览》《册府元龟》《太平广记》《文苑英华》等大型类书。这四种书每种都是1000卷，可以说是规模空前。宋代政府还出资刻印《开宝藏》《道藏》等大型图书。其中《开宝藏》共5048卷，规模空前。宋太宗、宋真宗都曾命人编辑《道藏》，徽宗时再次

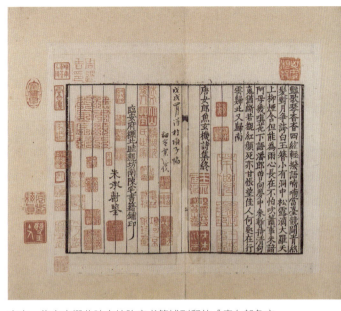

南宋 临安府棚北睦亲坊陈宅书籍铺刊印的《唐女郎鱼玄机诗》尾页

编辑《道藏》，并且雕版印刷。徽宗刊刻的《万寿道藏》共5481卷。这些大型出版工程为宋代出版市场的繁荣作出了很大贡献。此外，宋代思想较为自由，为出版的繁荣提供了很宽松的文化环境，客观上助推了私人出版、寺院出版、书坊出版（商业出版）的发展。

宋代很多藏书家藏书过千卷，达到万卷的也不在少数。叶梦得（1077—1148）家藏书三万卷，濮安懿王之子宗绰藏书达七万卷。（田建平《宋代出版史》（上册），人民出版社，2017年4月版，64页）而同期的欧洲，书籍复制主要是抄写，藏书几十本的就是大藏书家了，一些大机构藏书也仅仅有几百册。赖谢瑙修道院的图书馆建在康斯坦茨湖畔，它在822年藏有400多卷图书，是最大的图书馆之一，可以与意大利的波比澳图书馆（藏书666卷）媲美。（法布拉塞勒著，余先中译，《满满的书页：书的历史》，山海书店出版社，2002年9月版，25页）公元9世纪瑞士的圣加仑修道院，藏书只有400册，12世纪法国的克卢尼修道院，藏书也只有570册。（[美]马克·科尔兰斯基

著，吴亦俊、何梓健、朱顺辉译《一阅千年：纸的历史》，中信出版社，2019年2月版，54页）英国文艺复兴奠基人、英国的"诗歌之父"乔叟（约1340—1400），自己有60本藏书，在当时已算得上不多见的藏书家了。（田建平《宋代出版史》（上册），人民出版社，2017年4月版，59页）当时欧洲大多数图书都在修道院或贵族家里，一般人很难见到，更不要说阅读了。雕版印刷术的成熟，为宋代提供了大量的书籍，使得大众阅读成为可能。

8. 读书普及

宋代读书普及率很高。福建"闽俗户知书"。宋末元初黄应蟾说："荛夫被儒衣，耕叟辟家塾。""田父龙钟雪色髯，送儿来学尚腰镰。"梅尧臣说潍州北海县"农锄多带经"。两宋之际的张守说："中上之户稍有衣食，即读书应举，或入学校。"（程民生《宋代民众文化水平研究》，社会科学文献出版社，2022年8月版，478—479页）

福建福州、泉州学校数量很多，家家读书，几乎人人懂得法律，永福县"家尽弦诵，人识律令，非独士人然。农工商教子读书，虽牧儿馌妇，亦能口诵古人语言"。人人懂得法律，不识字是难以办到的。即使是牧童和家庭妇女也都能口诵古代贤哲的话，这样的识字率确实了不得。无怪乎福建被称为人才之乡。著名理学家朱熹在福建建造武夷精舍，在这里讲学八年。宋代福建有进士6713名，为全国第一。蔡襄、蔡京都是福建人。宋代福建有书院66所，数量也是很多的。著名思想家吕祖谦年轻时曾经到福州求学，对福州人读书的普及情况很吃惊，专门赋诗："路逢十客九青衿，半是同袍旧弟兄。最忆市桥灯火静，巷南巷北读书声。""青衿"是指青色交领长衫，是隋唐时期的学生服，这里指学生。吕祖谦路上遇到十个人，其中九个是读书人，这个比例实在是太高了。全国各州县恐怕无可匹敌。

福建建阳是重要的刻书中心，全国知名，他们出版的图书价格低廉，数量巨大，为福建人读书提供了条件。

南宋诗人陆游描绘家乡越州的耕读情况："十月东吴草未枯，村村耕牧可成图。岁收俭薄虽中熟，民得蠲除已小苏。家塾竞延师教子，里门罕见吏征租。老昏不记唐年事，试问元和有此无。"（陆游《书喜·又》，程民生《宋代民众文化水平研究》，社会科学文献出版社，2022年8月版，481页）一个"竞"字表明村民争相请塾师教子的盛况。

9. 医生识字率高

医生是一个识字率很高的群体，我国古人强调："凡为医师，当先读书。凡欲读书，当先识字。字者，文之始也。不识字义，宁解文理？文理不通，动成窒碍。"（明缪希雍《神农本草经疏·祝医五则》）医生需要给人开药方，同时他们还要研究前人医学经验，需要读医书，不识字显然不行。

宋代"朝为田舍郎，暮为天子堂"是一种耕读文化的反映，读书人一边读书，一边耕种，耕读两不误。中等以上的富家农户大多以此为本位。耕读文化在宋代得到普及。

第八章
包容并蓄：儒释道三教合流

  包容是中华传统智慧中的重要底色，中国人常说"地势坤，君子以厚德载物""君子坦荡荡"等都体现了中华精神谱系中对于宽厚大度、包容万物传统智慧的肯定与追求。中华民族在几千年的繁衍生息中不断地吸收各个民族和文化的成分与养料，包容并蓄合和共济，才有今天泱泱华夏的厚重底蕴。中华文明是世界上唯一没有中断、发展至今的古文明，其中就有兼容并蓄、不断创新的中华精神实质所带来的内生动力。习近平主席在金砖国家工商论坛开幕式上提道，"一个更加开放包容的世界，能给各国带来更广阔的发展空间，给人类带来更繁荣的未来"，并将"我们要包容并蓄，共同扩大开放融合"列为四点主张之一。2023年6月2日，在文化传承发展座谈会上，习近平总书记更是强调了中华优秀传统文化有很多"重要元素"，阐述了中华文明的"突出特性"，即中华文明具有突出的"连续性""创新性""统一性""包容性""和平性"。

  记忆里，我们从小就被教育要"严以律己、宽以待人"，也能脱口而出

"海纳百川，有容乃大"这样的古训与名言。中华民族"包容并蓄"的品德与智慧有太多的故事和历史，我们今天所说的"儒释道三教合流"就是其中一个典型的历史现象，也充分反映了中华文明的博大与深厚。

一、从"三人行"到"多元一体"

众所周知，宗教一般都是相互排斥的，从古至今有太多以宗教为名的冲突与战争，但是在以宋代为代表的中国古代，却出现了很独特的景象。就让我透过《清明上河图》中的一个场景，来带大家追寻其中的奥妙与背后的故事吧。

在《清明上河图》所描绘的汴河繁华中，有一家非常"有名"的店，这就是"在京正店七十二户"之一的孙羊正店。说到这里，需要先普及一下什么是宋代的"正店"。北宋时期有"榷酒制度"，简单地说就是宋代的一种卖酒制度。那时候的正店出钱获得官府的特许可以酿酒，批发、零售都可以，而所对应的"脚店"是不可以自己酿酒的，只能从正店买酒，然后再零售。这个"孙羊正店"就是有特许可以酿酒的正店，且孙羊正店装饰豪华，往来热闹，一看就是当时名副其实的高级酒店。但我们在这里关注的不是这家店，而是店

孙羊正店门口的幌子和招牌

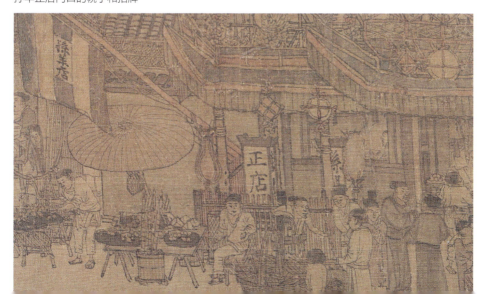

外的一群人。在孙羊正店边上的十字路口，可以清晰地看到有一位僧人和一位儒生相处融洽，旁边还有两位道士，也相安无事。这实际上就反映了当时中华历史上的文化奇观——儒释道三教合流。"儒释道"分别指的是儒学、佛教以及道教，历史上南北朝时的南朝梁武帝就提出三教合流，后世不断有人附和这种观点。元代全真教派首领丘处机公开主张三教同源、三教合流，但三教合流一直到宋代才初具规模。两宋时期，宋代学术的开放性、兼容性和创造性，为儒、释、道三教理论的发展创造了有利的条件。北宋哲学家将儒、释、道进行了调和，儒学、佛教、道教三家思想相互影响，融会贯通。

这是世界文化史上的奇观。我们都知道，宗教之间往往互相排斥，互相争斗，甚至会引发战争。但是，在古代中国却出现了三教合流的局面，中华文化中儒释道都有重要影响，充分体现了中华文化的包容性，这是中华文化的底色和底层逻辑。

儒释道

南宋　刘松年《撵茶图》　台北故宫博物院

　　回到宋代三教合流的话题，也许有人会问，《清明上河图》中的这一场景是否只是偶然，我们是否过度解读了前人的作品？当我们再深入研究宋代其他的绘画作品时，就会发现答案是显而易见的。在南宋刘松年的《撵茶图》中，三教合流这一主题更加突出，僧人正在书案上写字，旁边坐着一位儒生一位道士，他们正在交流书画。

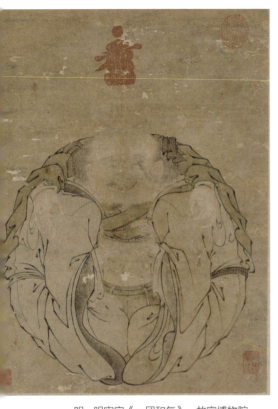

明　明宪宗《一团和气》　故宫博物院

明宪宗朱见深（1447年12月9日—1487年9月9日）还画过一幅《一团和气》图。不知道的人还以为仅仅画一个僧人，其实画中有三个人，三个人共用一头，右边是儒者，左边是道士，二人各执经卷一端，团膝相接，相对微笑。佛居中间，手搭于两人肩上，面部被遮，只露出光光的头顶，一手轻捻佛珠。更有意思的是，这三个人在历史上都有其人，僧人为慧远法师，是庐山东林寺的高僧，右边儒者是陶渊明，左边道士是陆修静。慧远声名远扬，很多人来拜会。陶渊明归隐田园，成为中国文人的精神偶像。陆修静是道教首领，一生献身道教，致力于道教改革，在道教史上占有重要地位。

有一天，陆修静、陶渊明来拜会慧远，三人谈得非常投机。当客人要走的时候，慧远送客，突然听到老虎的叫声。原来，慧远有一个规矩，不论来人身份有多么尊贵，送客从来不过虎溪，过虎溪老虎就叫。慧远送别陆修静与陶渊明，竟不知不觉送过了虎溪，引得虎啸连连，三人相视大笑。这一典故充分说明儒道释三教共论经书，相处融洽，毫不违和，是"儒释道三教合流"思想的很好体现。

儒释道三教合流对思想发展、国家治理、文化融合产生了重要影响。在这个思想框架下，中国的知识分子不仅仅读儒家图书，而且读道教、佛教的图书。唐代大诗人白居易在《草堂记》中说："堂中设木榻四，素屏二，漆琴一张，儒、道、释书各三两卷。"（朱金城《白居易集笺校》，第五册，上海古

籍出版社，1988年版，2736页）这就使得读书
人的思想中既有儒家思想，又有佛道思想，
他们的思想是杂糅的，是相互融合的，更是
升华的。东坡居士苏轼也是一个典型的例
子。苏轼是典型的儒家知识分子，但是他和
佛教、道教的关系十分密切。他有好几位禅
师朋友，比如佛印等人，谈禅很有水平，也
能将佛理入诗。他读《金刚经》《维摩经》
《楞严经》《圆觉经》《华严经》《法华
经》《楞伽经》《金光明经》《六祖坛经》
《景德传灯录》等。他还信奉道教，追求长
生，吃丹药，对不死之药极感兴趣，还给朋
友分享药方。苏轼做地方官时，多次到庙里
为老百姓祈雨。

苏轼像

此外，在中国统治阶级治理国家的思想中，也擅长三教并用。外儒内
法，加上佛教思想，而不只用儒家思想。如佛教的因果报应论，被统治阶级
利用，让人们相信命运，安心接受现状，实际上就是统治之术。此外，佛教
的慈悲思想、救苦救难思想、自律思想都被历代统治阶级所利用。

但是，在历史上也有对儒释道合流持不同意见的人，有些人以正统自
居，不认可三教合流。明万历三十年（1602），当时任礼部尚书的冯琦上奏
并得到批准，对儒士摘用佛教观点坚决禁止，并给予惩罚。他上奏的内容
是："……国家以经术取士，自五经、四书、二十一史、《通鉴》、性理诸
书以外，不列于学官……生员有引用佛书一句者，廪生停廪一月……三句以
上降黜。中式墨卷引用佛书一句者，勒停一科，不许会试，多者黜革。"廪
生就是由政府给予膳食的生员，州学、府学、县学的廪生都有定额，定期发
放膳食。生员是指在明清时期通过了科举考试的最低一级考试——童子试进

入县学府学的人，俗称秀才。（《日知录》卷十八）但是这种反对儒道释合流的人在历史上是少数，不是主流。

总之，儒释道三教合流是一种宗教文化奇观，也是一种中国文化奇观，中国文化的包容性在这里体现得尤为充分。我们在宗教文化方面包容，我们在国际事务方面也是包容的。不以强权欺人，以平等的态度善待一切友好国家，这就是中国文化的底色，也是特色。我们也深信"包容并蓄"作为中华民族最深入人心的处世哲学，为推动建设开放型世界经济、共同构建人类命运共同体提供了正确指引。

二、多元管理的智慧：特殊身份证——"度牒"

行脚僧人

中国古代以儒家为本体，但是辅之以道教和佛教，三教相融相和。但是佛道的人员管理是一个大问题，为此中国人创造了一种专门的管理制度——度牒。

度牒是由政府颁发的一种僧人、道士身份的官方许可证，一般为纸质，上面写或印有官方的批准文书和僧道姓名，只有持有度牒的僧人和道士才是合法的。

《清明上河图》中有多位僧人，仅仅城内的大十字街就有三位，护城河边的寺院门口也有一位。僧人在中国古代社会是一个独特的群体，他们不用服徭役，不用纳税，不劳而获，靠化缘为生，维持寺院的运营。

我们现在看有关古代的电视剧中，一个人对人生失去希望以后，就可以进入寺院出家为僧，这种情况在古代其实是不现实的。在中国古代，一个人出家必须得到政府的批准，得到政府批准后，就会登记在册，就等于有了僧籍、道籍了，否则就是违法，被称为私度，要被举报，要强制还俗。因为僧人、道士不用向政府服徭役，也不用缴赋税，如果出家人太多，政府工程需要的劳动力人数就无法保证，赋税收入就会大大减少，所以对僧道实行度牒和户籍管理是一贯的制度。由此可见，出家修行还是有门槛的。

度牒制度和僧籍制度是紧密相连的，在唐代以前的南北朝时期可能已经开始了。据学者们考证，唐代高宗时期在对僧道管理时，就采用了度牒制度。度牒是政府颁发给僧道人员的合法凭证，但是出家之人要交钱才能获得度牒，实际上是官府出售度牒。度牒一般用绢、绫或纸印制。

这就是说，在古代中国无论是僧人还是道士，不是你想做就能做的，不像某些电视剧中所演的，如果一个人对生活失去信心，就可以随意到寺院出家。其实这是非法的，出家必须经过政府的批准，不仅要获得政府颁发的许可证度牒，而且要缴纳许多钱。度牒甚至成为官方敛财的一种工具。

宋代继承了度牒管理制度，北宋政府还通过颁发度牒获得部分财政收入。宋英宗治平四年（1067）陕西大灾，皇帝赐给陕西转运司度牒1000多件，陕西转运司出售度牒，所得钱财买粮赈灾。令人吃惊的是，宋英宗时卖度牒竟然成为弥补财政亏空的重要手段，有些年份度牒收入竟然超过了财政收入的十分之一。（邓广铭、程应镠主编《中国历史大辞典·宋史》，上海辞书出版社，1984年12月版，354页）

苏轼到定州任知州，定州当时就是边境，但是定州军官腐败，军队没有战斗力。军营十分破败，基本无法居住，苏轼知道向朝廷申请经费估计较为困难，所以他向朝廷申请171道空白度牒。苏轼把这些度牒卖掉，用所得的钱维修军营。第二年，苏轼要修北岳庙，又申请了15道空白度牒，政府也没有给钱，这实际上是政府给政策，而不给现金。苏轼在杭州任职期间也曾为政府工程申请过一部分度牒。这些度牒都是空白的，买受人交钱之后，把名字填上就是合法凭证了。

元祐五年，苏轼在杭州开浚西湖的时候也是使用度牒的方式来解决经费问题。当时西湖淤塞面积已达一半，苏轼为了筹集经费早日完成这个大项目，上书一份《杭州乞度牒开西湖状》，恳求朝廷赐予一百道度牒，并承诺有这些度牒就可解决此项工程的经费问题。

那么，一道度牒需要缴纳多少钱呢？资料显示，在宋神宗元丰年间，以前一道僧道度牒价格是三百千（300贯，一贯等于1000文），后来减为一百九十千，宋哲宗元祐年间，又涨到三百千，到了南宋绍熙年间，已经是八百千一道了。可以说宋代度牒价格一路看涨。南宋孝宗时期每年印发12万道度牒，价格700贯一道。由于发行量大，度牒贬值，南宋晚期仅仅20贯一道。

南宋军费开支巨大，出售度牒是一项很大的收入。可以说某种程度上，是僧人养活了军队。

唐代安史之乱期间，政府为了筹集军费，也曾经派人到太原出卖度牒。

度牒本来是为了限制僧人、道士的数量，是对他们进行合法化管理的一种手段，不想却沦为财政收入的一种手段。由此可见政府财政收入的困难。这种情况自唐代以来，各个朝代都有存在。斯坦因从敦煌盗走的文件中就有一些度牒。

明代所有僧人剃度必须经官方批准，官方颁给度牒，未经批准私自剃度要受到惩罚，要打八十大棍，主持剃度者和被剃度者同罪，而且需要强制还俗。

明代度牒开始是每三年颁发一次，多的时候四万张，少的时候一万张。明英宗正统年间开始每年颁发一次，每次颁发数量不等。后来颁发逐渐频繁起来，数量也逐渐增多。明代实行严格的户籍管理制度，人们外出都要携带路引，上面有详细的个人信息。犯罪分子为逃避追查，往往买一张度牒就畅通无阻了。

度牒作为一种僧道管理制度，在历史上起到了限制僧道发展的作用，但同时政府通过这些管理也筹集到一部分费用，提高了政府的财政收入。但是宋代度牒制度发展到后期就变了味道，不但变成了流通的货币，而且成了逃避罪责的免死金牌。由于宋代明文规定，犯了罪的人如果剃度出家皈依佛门，则视作重新做人既往不咎。因此很多人开始倒卖度牒，甚至偷、抢度牒，反而滋生了社会的不稳定因素。

三、紫衣僧

在《清明上河图》中，孙羊正店边上的十字路口有一位僧人正在和两位儒生交谈，值得注意的是，他穿的是紫色衣服。这可非同寻常，僧人穿紫衣是一种等级的象征，只有皇帝才可以给僧人赐紫衣，僧人不经允许不能请人给自己制作一套紫色的衣服。苏轼曾经受托为家乡的僧人惟简向皇帝申请赐紫衣。

1. 紫衣是一种政治荣誉

中国古代是一个礼制社会，所谓礼制，就要讲究等级高下，讲究尊卑，就要把人分为三六九等。古代官员分为很多品级，不同品级的官员为了便于区分，让

穿紫衣的僧人

他们穿不同颜色的衣服。走在大街上，老百姓一眼就能看出是哪一品级的官员。

僧人、道士也一样，需要区分等级。皇帝赐给僧道紫衣是一种高级的褒奖，也是一种政治待遇和最高等级的象征，其地位远远高于一般僧人、道士。这种做法始于唐代，开始的时候，条件比较严格，获赐紫衣的僧道人数有限，但是随着赐给数量的增加，获赐紫衣的人数大幅增加，紫衣的价值大大贬值。宋代时，甚至开始出售紫衣，将紫衣商品化，紫衣的社会地位大幅降低。

早期传统佛教，佛教徒都穿粪扫衣，就是用别人丢弃的碎布连缀而成的衣服，黄、赤、青、白、黑等纯色都不能使用，僧侣们用从树皮、树叶、果子中提炼的颜色染色，使得这些纯色不纯，目的在于避免僧人有贪染之心。"袈裟"就是"染色""非正色"的意思。后来，僧服分为黑、青、茜（木兰色）等，禁用紫色、红色。但是，不同佛教流派对此解释不一样，服色也多样化，玄奘在印度时就曾见到很多人穿黄色僧衣，而黄色是一种纯色，在禁律的范围内。在中国，由于官服制度的影响，僧服制度也发生了变化。汉代、魏晋时期，有红色僧衣，被称为赤衣。唐代以后，由于皇帝赐紫的存在，紫色成为僧侣服装中最为贵重的颜色，同时红色僧衣成为时尚，突破了佛教禁律的限制。

按照唐代官服制度，三品以上服紫，四品、五品以上服绯，六品、七品以绿，八品、九品以青。宋代前期沿袭唐代做法，"宋因唐制，三品以上服紫，五品以上服朱，七品以上服绿，九品以上服青……元丰元年，去青不用，阶官至四品服紫，至六品服绯……九品以上则服绿……中兴，仍元丰之制，四品以上紫，六品以上绯，九品以上绿"。（《宋史》卷153《舆服志五》）元丰是宋神宗年号，穿紫色衣服放宽至四品官员；过去五品才能穿红衣，元丰以后六品可以穿红色；七至九品服为绿，这一点没有变化。在唐代紫色是一至三品大员的专用服色，宋代紫色官服是一至四品大员的官服，无

论是唐代，还是宋代，紫色都是官员
服装颜色的最高级别。唐宋时期，实
行科举选拔人才的制度，官僚阶层中
大多数都是科举考试考中的人员，所
以张端义《贵耳集》（卷下）有"满
朝朱紫贵，尽是读书人"的说法。

　　南宋周季常等绘制的《五百罗汉
图》中有一幅《施饭饿鬼》中的罗汉身
穿紫衣，他的体量大，居于中心地位，
明显是主角。在《五百罗汉图·经典奇
瑞》中一位穿紫色袈裟的僧人正在受
到两位拿着笏板的官员的朝拜。还有
《五百罗汉图·洞中入定》《五百罗汉
图·树下品梵》的主角也是穿紫色袈裟
的僧人。

南宋　周季常等《五百罗汉·施饭饿鬼》局部

　　令人感到奇怪的是，远在万里之
外的古罗马帝国也以紫色为贵，他们
的紫色是从地中海骨螺中提取的，被称为"骨螺紫"，提取这种颜料费时费
力，价格十分昂贵。根据希腊神话的说法，大力士赫拉克勒斯在海边行走，
他的狗咬碎了一只骨螺，满嘴都是紫色，很鲜艳，因此，希腊人发现了骨螺
提取紫色的方法。不知道东西相隔万里之遥的两个国家为什么都崇尚紫色。
有兴趣的读者可以开展专题研究。

　　紫色袈裟也是僧人中最高等级的标志，这是当时僧人的最高荣誉。一
般僧人穿绿色袈裟。明清时期依然是这样，高级僧人穿紫衣，一般僧人穿绿
衣。在南宋周季常、林庭珪画的《五百罗汉图》中有很多绿衣僧人。现在的
僧人大多穿红色、土黄色袈裟，很少有穿绿色袈裟者。

南宋　周季常等《五百罗汉图·经典奇瑞》

皇帝赐给的紫色袈裟又称紫服、紫袈裟，有些时候还被称为"命服"。所谓命服，就是指古代官员按照等级穿的礼服，紫衣就是僧、道代表官阶的礼服。赐紫衣，简称赐紫。西夏国对僧人、道士也有赐紫制度，还有赐黄、赐黑、赐绯制度，形式多种多样。这些被赐紫的人有些特权，他们犯罪时可以照常人罪减一等。

皇帝为什么要给僧人、道士赐紫衣呢？我们都知道，在古代社会宗教起着非常重要的作用，人们需要宗教进行精神安慰和精神寄托，作为统治者也需要借助宗教稳定社会，加强统治。那么，如何让宗教人员完全在皇权之下平稳发展呢？统治者需要各种宗教管理手段，赐给紫衣实际上是笼络佛教、道教上层人员的重要措施，上层人员对统治者感恩戴德，下层自然就容易顺从。除了赐给紫衣以外，还实行度牒制度，也就是政府为僧人、道士颁发执业许可证，不经允许，任何人不得出家为僧为道。

2. 赐给紫衣的发端及发展

唐代武则天时期，僧人法明等九人向武则天呈送《大方等大云经》，这是一部伪造的佛经，附会武则天是弥勒转世，目的是为武则天做皇帝制造舆论，当然合乎武则天的胃口，被赐给紫色衣服。《旧唐书》记载："怀义与法明等九人并封县公，赐物有差，皆赐紫袈裟、银龟袋。"这是皇帝赐给僧人紫色衣服的开始。在当时，只有三品以上的官员才能穿紫衣。这是把高级官员的服色特权迁移到佛教界的做法，对僧人来讲，这是一种极大的荣耀。

武则天以后，唐代皇帝为僧道赐紫色袈裟的案例很多，成为一种习惯性的做法。唐中宗神龙二年（706）赐给嵩岳少林寺僧人慧安紫色袈裟和绢。唐玄宗还赐给日本、波斯僧人紫色袈裟，开元四年（716）日本僧玄昉来唐，玄宗赐著紫袈裟；开元二十年（732）九月中，波斯王派高僧及烈来到唐代，玄宗也赐给紫色袈裟，并赐帛五十匹。宋真宗景德三年（1006），日本僧人寂照和弟子等八人来中国，寂照率弟子朝见宋真宗，真宗赐给寂照紫衣和束帛，并赐给"圆通大师"的称号，他的七个弟子都被赐给紫衣。

据宋代赞宁著《大宋僧史略》卷下记载，天宝末年，安史之乱，唐玄宗仓皇逃往蜀地（四川），道平和尚在金城寺院，唐肃宗经过寺院，道平劝肃宗出兵灵武，收复长安。肃宗遂任命道平为左金吾大将军。到达临皋，遇到贼兵，道平勇猛杀敌，累立战功。后来，申请重新为僧，肃宗看他主意一定，就让他在崇福、兴庆两寺出家，并赐紫衣，但可以出入大内。

唐武宗痴迷道教，贬抑佛教，曾经开展灭佛活动，是历史上三武灭佛之一，曾赐给道教头领紫衣，并下令过去获得紫衣的僧人不得穿着。但是，他的灭佛活动时间不长，他儿子唐宣宗继位以后很快又恢复崇佛的政策。

唐宣宗于公元851年赐给无相禅师紫衣。无相禅师是常山万寿寺的开山祖师，宋代罗汉桂琛禅师曾经在无相禅师门下修禅，桂琛禅师是杭州灵隐寺宋代第一位主持永明延寿禅师的大师祖，曾经获得皇帝赐给的紫色袈裟。按照《佛学词典》解释，师父的师父为师祖，师祖的师父为大师祖。

唐代郑谷（约851—910）有诗《寄献狄右丞》："爱僧不爱紫衣僧。"郑谷这里明确表达自己不喜欢紫衣僧，是对紫衣僧的鄙视。原因是有些僧人为了得到紫衣，攀附权贵，行事有辱佛门，成为"名利僧"，为一些僧人所不齿。但是，有些高僧得到紫衣后，并不以此为炫耀的资本，他们同样受到人们的尊重。

唐懿宗咸通二年（861）延庆节，也就是他的诞辰，左右街僧道入内殿讲论，各赐紫衣。

五代后晋高祖石敬瑭天福五年（940）天和节获赐紫衣的僧道九十多人，天福六年获赐紫衣的人数为一百三十四人，七年为一百人，三年获赐紫衣的僧道总人数共计三百二十四人。（《册府元龟》卷五二，各年条）这样的数量就有些太泛滥了，紫衣的严肃性、庄严性大打折扣。当大街中行走的都是紫衣僧人的时候，人们也就不感到稀奇与珍贵了。后世这样的例子还很多。

唐末五代著名诗僧、画家贯休和尚深得前蜀开国皇帝王建的赏识，为其他专门建造龙华寺，并赐紫衣。王建还赐给贯休"守两川僧大师""禅月大师""赐紫大沙门"等称号。贯休在《送新罗僧归本国》一诗中有"想得还乡后，多应著紫衣"的句子。看来贯休并没有抛弃世俗荣辱，还想着衣"紫"还乡的荣耀。

在唐代，获赐紫衣的僧人都是高僧大德。五代至宋，赐给紫衣的范围扩大。宋开宝二年（969）至太平兴国四年（979），每年天子诞辰，也就是圣节，召集天下名僧测试佛教经律论十条，都答对者，赐给紫衣。后来逐渐泛滥，有谏官建议废止。宋政府随即对政策进行了调整，由亲王、宰臣、地方长官推荐并选出赐给紫衣者，同时门下省颁发给"紫衣牒"，也就是穿紫衣的官方证明。这样做更加规范。

有的僧道获赐紫衣后，还有二赐、三赐的情况，这种最高荣誉的叠加更显荣耀。

3. 一个情商很高的紫衣僧人

五代时期，吴越国僧人赞宁和尚很受吴越国王钱俶的赏识，任命他总管吴越国佛教业务。吴越国纳土归宋以后，赞宁和尚将阿育王真身舍利护送至开封，这一行为意义重大，代表吴越国佛教界对宋代的归顺，宋太宗非常重视，在朝堂亲自接见并赐给紫衣，赐给封号"通慧大师"，还让他进入翰林院，这是第一位僧人翰林学士。赞宁和尚能力确实不俗，著有《大宋僧史略》《大宋高僧传》，因此被任命为全国管理佛教业务的最高僧官——左街僧录。

据欧阳修的《归田录》记载："太祖皇帝初幸相国寺，至佛像前烧香，问当拜与不拜，僧录赞宁奏曰：'不拜。'问其何故，对曰：'见（现）在佛不拜过去佛。'赞宁者颇知书，有口辩，其语虽类俳优，然适会上意，故微笑而颔之，遂以为定制。"这个故事翻讲的是：宋太祖赵匡胤到大相国寺，到了大殿佛像前，问方丈等人需不需要拜佛像，当时担任大相国寺僧录

五代十国　贯休《罗汉图立轴》局部

235

（政府任命的僧官）的赞宁说："不拜。"问他为什么，他说："见（现）在佛不拜过去佛。"赞宁博览群书，知识丰富，口才也好，情商很高，特别能领会皇帝的意思。其实，赵匡胤之所以这样问，打内心里是不想行跪拜礼，赞宁这个回答十分巧妙，把赵匡胤说成是现在佛，这是让皇帝和佛平起平坐，赵匡胤当然很高兴，微笑着点头认可。赞宁和尚这次回答给赵匡胤留下了很好的印象，这可能是他后来发迹的重要原因之一。

赞宁的这一回答代表了中国佛教完全归属于皇权之下，而不再成为皇权的一种威胁。

佛教传入中国以后，关于佛大还是皇权大的问题争论已久，佛教有"不拜王者"的教规。在中国这样一个皇权至上的国家，有一种权力竟然可以超越皇权，这是让皇帝非常不舒服的一件事。魏晋以来关于皇权和佛教的争论很激烈。梁武帝不仅拜佛，而且多次舍身入寺。但是像梁武帝这样的皇帝毕竟是极少数，大多数皇帝都时刻提防着佛教给皇权带来的威胁，皇权与教权之间的斗争也很激烈，历史上"三武灭佛"就是重要体现。所谓三武灭佛，就是北魏太武帝灭佛、北周武帝宇文邕灭佛、唐武宗灭佛，这三位皇帝的庙号或谥号中都有一个"武"字，所以合称"三武灭佛"。尽管三次灭佛的具体原因很复杂，但是归根到底，是因为佛教的发展威胁到了王权的存在。宋代以后，再也没有出现大规模的灭佛事件，其原因就是理顺了佛教和王权之间的关系。佛教成为皇权统治的助手，服从皇权的统治，不再超越皇权，不再威胁皇权。实际上，把皇帝看成佛，不是自赞宁开始，早在北魏时期，大同云冈石窟的主佛造像都是根据现世皇帝的样貌来雕琢的。洛阳龙门石窟的卢舍那大佛是照着武则天的面容雕琢的，所以显得面容清秀，很有女人味。敦煌南大佛、北大佛也是根据武则天的面容塑造的。北魏以来大家都在探讨一种皇权和佛教和谐发展的路子，赞宁的这种说法正是这一探索的体现，皇权和佛教至少是平等的，皇帝和佛平等，这种做法从此成为规矩，也就是欧阳修说的"定制"，并被后世尊奉，后世的皇帝从此不在佛像前行跪拜礼。

在宋代以后的实际生活中，佛教是在皇权之下发展，是服从皇权的。皇帝到寺院里去，寺院方面都要举行隆重的仪式迎接，对于皇帝的赏赐更是十分重视，当成贡物供奉起来。

至今南京栖霞寺还珍藏着乾隆第五次南巡赐给该寺的紫色袈裟，这件袈裟共绣有133条金龙，都是五爪金龙，故又被称为"金龙袈裟"，还有祥云图案，金龙和祥云都是用金线绣上去的。背面有"清乾隆帝五幸栖霞行宫御赐金龙袈裟永镇山门"字样。乾隆皇帝六次南巡，其中五次住在栖霞寺行宫。

4. 苏轼与紫衣僧的故事

苏轼的父亲苏洵平生爱好不多，但是对绘画情有独钟。有一次苏轼花了十万钱给父亲买来两副门板，这两副门板正反面都画了画，正面画的是菩萨像，背面画的是天王像，这是唐代长安的一个藏经阁的两副门板，是大画家吴道子画的。苏洵非常喜欢这些绘画。苏洵去世以后，僧人惟简劝苏轼将苏洵的藏品捐赠给寺院，说这样可以给父亲苏洵带来福报，苏轼为表孝心，就将这两副门板捐给惟简所在的寺院，还捐了五万钱，惟简花了百万钱建造一座阁楼专门用来收藏这两副门板画。苏轼还藏有吴道子画的释迦佛图，后来也捐给宝月所在的寺院。宝月圆寂以后，苏轼用澄心堂纸、鼠须笔、李廷珪墨为宝月书写《宝月大师塔铭》。

苏轼受惟简禅师的请托，为其申请紫色袈裟。但是，苏轼没有路子，可能是觉得自己分量不够，最后是托驸马都尉王诜才完成这一任务，宋仁宗赐给惟简紫色袈裟，并赐给"宝月大师"称号。

元祐四年（1089），苏轼到杭州做知州，其间瘟疫暴发，苏轼自己出资50两金子组建安乐坊，专门用于抗疫。安乐坊由懂医疗的僧人主持。对于那些三年以内治愈千人的僧人申请皇帝赐给紫色袈裟。《宋会要辑稿》记载："苏轼知杭州日，城中有病坊一所，名安乐，以僧主之，三年医愈千人，与紫衣。乞自今管干病坊僧，三年满所医之数，赐紫衣及祠部牒各一道。从之，乃改为安济坊。"这是宋徽宗时期两浙转运司于崇宁二年五月上的奏章，再次为达到治愈人数的僧人申请紫衣。可见，到徽宗崇宁二年，安乐坊还在，但是从此以后改名为安济坊。

5. 赐给紫衣的具体方式

归纳起来，唐宋时期紫衣赐给的形式主要有圣节赐给、特招赐给、定额例行赐给、按资历赐给等。

圣节赐给

唐宋时期，当朝每年皇帝诞辰都被设计成节日，被称为"圣节"。宋代沿袭唐代习惯，皇帝登基以后就要根据其生日设置圣节，什么长春节（太祖）、乾明节（太宗）、承天节（真宗）、乾元节（仁宗）、寿圣节（英宗）、同天节（神宗）、坤成节（哲宗）、天宁节（徽宗）等，在这些节日上为显示皇恩浩荡，往往集中给僧道颁赐紫衣，有的数量还很大。这是主要的赐给紫衣的渠道，官吏、后妃、公主等都有资格举荐。各个时代对举荐人的资格认定不同。有时候，紫衣赐给过滥，就会限制部分人员的举荐资格。比如后周太祖广顺二年规定在朝的文武官员及前任没有资格举荐僧道获赐紫衣，地方上的节度、防御、团练使、刺史有权举荐。

僧道可以向所在州府、官吏、宗亲（皇帝的亲属）提交申请文书，由他们转奏皇帝。如果发现保奏不实，或未达到保奏条件，要给予惩罚。

究竟哪些人有资格举荐僧道获赐紫衣？宋代不同时期，举荐人的资格认定不一样。太平兴国四年规定，节度使、两街僧道录（国家僧道管理机构）、州军守、亲王、宰辅（宰相）有资格为僧道人员奏请颁赐紫衣。宋真宗时期规定，每年圣节，皇亲、近臣都可以举荐僧道获赐紫衣。仁宗和英宗时，举荐人范围进一步扩大到贵妃、公主等。举荐人资格的扩大，无疑增加了被举荐人的数量，获赐紫衣的人数自然增多。举荐人需要将被举荐人的姓名、乡里、年龄、行业、从业年限一一写明。这一方面是对僧道的赐恩，给予他们实际的政治待遇，另一方面也是对举荐人的施恩，令举荐人感到有地位、受重视。获赐紫衣的僧道人员一般对皇恩感激不尽，对王朝的忠诚度提高，有利于皇权的巩固。这也是历代皇帝乐此不疲的原因之一。

在太平兴国四年以前，僧人、道士可以自己申请获赐紫衣。太平兴国四年以后不允许这样做了，只能通过左右街僧录司和大臣举荐等。

那么每年圣节究竟赐多少件紫衣呢？宋太祖建隆二年，根据开封府的奏报给十名僧道赐紫衣、师号，可见当时仅仅颁赐十件紫衣。后来的赐给数量不断增加，宋真宗景德元年（1004）闰六月下诏，承天节赐紫衣100道为限，已经是太祖时期的10倍。英宗治平元年正月下诏，寿圣节所赐道号、度牒、紫衣总数以200道为限，包括贵妃、公主等举荐在内。在此以前有赐给300道的情况，从此减为200道。这里的数是道号、度牒、紫衣的总数，具体到紫衣多少道，没有详细记载。宋徽宗宣和六年下诏，天宁节赐给紫衣不过100道。南宋军费开支浩繁，自高宗开始就出售紫衣募集军费，赐给紫衣的数量大幅增加。

特诏赐给

针对一些社会影响力比较大的僧道人员，皇帝会颁布特诏赐给紫衣。这种赐给更加荣耀，影响力更大。太祖时期的苏澄隐、赞宁和尚，太宗时期的张守真，真宗时期的贺兰栖真、黄埔希及，仁宗时期的朱自英、张绍英，神宗时期的陈景元、张白，徽宗时期的张继先、林灵素、刘栋，高宗时期的黄埔坦、刘能真、黄元达、李洞神，孝宗时期的何蓑衣、袁宗善，光宗时期的谢守灏，宁宗时期的刘用光，理宗时期的司徒坦、贝大钦、易如刚，度宗时期的翟志颖，等等，都有很高的社会声望，在社会上影响很大。他们大多被赐给紫衣或道号。（唐代剑《宋代道观紫衣 '师号制度' 》，刊于《宗教学研究》1997年第一期）

宋代云门宗大师明觉重显，曾经拜访多位禅林高僧，后来在雪窦寺做主持30余年，声名大振，经过驸马都尉李遵勖、宰相贾昌朝两位联合奏请，仁宗皇帝赐予紫衣并赐给"明觉大师"四字封号。

陈抟画像

北宋庆历年间，崆峒山（今甘肃空洞山）和尚法淳率众僧大败西夏军队，这是些有军功的僧人，宋仁宗特赐紫衣。

北宋政府为了拉拢吐蕃政权，多次赐给吐蕃僧人紫衣。据西北大学历史系教授刘建丽统计，北宋政府对河西、陇右、河湟地区吐蕃僧侣赐给紫衣多达13次。仁宗皇祐五年（1053）十二月，吐蕃遵兰毡结通、沈遵、党遵叱腊都被赏赐紫衣，并赏给银两、衣物等。

道士刘从善仁宗天圣元年（1023），获赐紫衣，第二年任景灵宫住持。

陈抟是唐宋间著名的道士，唐僖宗时被赐"清虚处士"的称号，著述很多，后周显德三年（956）受到周世宗召见，任命其为谏议大夫，他坚决拒绝，周世宗柴荣赐给"白云先生"的称号。后周显德五年（958），周世宗命人带给陈抟五十匹帛、三十斤茶。宋太宗太平兴国二年（977），陈抟前往东京觐见宋太宗，受到太宗的礼遇。雍熙元年（984）二次觐见，太宗特下旨赐给紫衣，并赐给"希夷先生"道号。太宗不仅与陈抟有诗词唱和，还命令宰相宋琪等人向陈抟询问养生之术。

开宝二年闰五月，太宗赐给隆兴观道士苏澄隐紫衣。苏澄隐，字栖真，真定（现在石家庄正定）人，是一位道士，住在龙兴观。后唐明宗曾召他入朝，他力辞不就。契丹占领期间，为笼络人心寻找有名僧道赐给名号，苏澄隐拒绝接受。先后担任后唐、后晋、后汉、后周四朝十位皇帝的宰相，被誉为官场不倒翁的冯道经常找他聊天，并有诗词往还。苏澄隐在五代时期具有很高的社会声誉，在道教界影响巨大，被赐紫衣应该实至名归。

宋太祖赵匡胤征伐太原回程的路上，驻跸镇阳（正定），在行宫召见苏澄隐，太祖说："京师建造建隆观，想找有道之士坐镇，您一次次拒绝前往，难道是故土难离吗？" 苏澄隐说："大梁是皇帝居住的地方，繁荣热闹，不是喜欢山林隐居的人所希望居住的地方。"太祖知道他的意思，也不勉强他，赐给茶百斤、绢二百匹。后来，又到苏澄隐的道观参观，问他："大师年过八十，还如此精神矍铄，看来是善于养生啊！"因此问他养生的秘籍，苏澄隐说："臣的养生之术，不过就是练气，帝王的养生术可就不一样了。老子说：'我无为而民自化，我无欲而民自正。'无为无欲，凝神太和，昔黄帝、唐尧享国永年，得此道也。"苏澄隐这里是向太祖建议，要效法老子，无欲无为，无为而治，说白了就是不要过多干预老百姓的生活，并且抬出黄帝、唐尧的案例以增强说服力。太祖非常高兴，赐紫衣一袭、银器五百两、帛五百匹。苏澄隐过了百岁才去世。

太平兴国七年，太宗赐太平宫道士张守真紫衣。宋代初年，周至县民张守真声称见到空中人说话，自称是奉玉皇大帝之命降临人间，名黑刹大将军，专门辅佐宋代。张守真为此专门做了道士，在自己家旁边建造道观北帝宫，专门供奉黑刹大将军。晋王赵光义听说后，专门前往祭拜，并许诺为其建造专门的宫殿。太祖听说后，也诏张守真问明缘故。太祖暴死后，太宗马上命张守真在琼林苑作延祚保生坛，举行周天大醮。所谓周天大醮，就是道教的一种祭祀仪式。还下令在终南山建造上清太平宫，专门供奉黑刹大将军，张守真做宫主。每有国家大事，太宗都命人到太平宫祭祀，自己和群臣在东京举行遥祭。张守真的谎言，满足了太宗皇帝的需求，当然，也换来了自己的荣华富贵。对于皇帝来讲，多赐几件紫衣没有任何损失，但是，对于被赐人来讲，可以说是天降馅饼，可以炫耀，并可以带来巨大的物质利益。

　　左右街僧录所举荐的僧人、道士有些过滥，后来改为测试佛教经律论十条，及格者殿延上上手表，然后获赐紫衣，这些人被称为"手表僧"。（《佛祖统纪》卷四三）对于道士，没有记载怎么做。

　　大观元年七月，徽宗皇帝赐给道士刘混康紫衣三十道，还赐给刘混康弟子十五人紫衣。宋徽宗登基以后长期没有儿子，后来听从茅山道士刘混康的建议，他说："京城东北隅，地协堪舆，倘形势加以少高，当有多男之祥。"意思是说，京城东北角较低，如果地势抬高，就可以多生儿子，徽宗于是在京城东北角开始建在艮岳。艮岳建成以后，徽宗接连生育多个儿子，后来竟然有了31个儿子。第九子就是后来的宋高宗。当然，这纯属巧合，建造艮岳和生儿子没有任何关联，风马牛不相及。但是，宋徽宗痴迷道教，相信这是修建艮岳的结果，因此十分信任刘混康。

　　身怀绝技的和尚怀丙被赐紫衣。据《宋史·方技传》记载和尚怀丙的事迹，赵州洨河的大石桥，石构件之间都有铸铁燕尾榫构件。自唐以来相传数百年，大水都没有冲坏。但是，岁月久了，因乡民偷盗燕尾榫铸铁构件，桥开始倾斜，官府累计使用上千工人都不能使其归正。真定（正定）府有一位叫怀丙的和尚不依靠众多工人，自己通过技术就使其归正了。河中府的黄河浮桥（今山西省永济市蒲州镇）用八头牛镇系铁索，一头牛就有数万斤。后来大水冲断桥梁，铁牛沉入水中，官府寻找能够打捞铁牛的能人。怀丙要来两条大船，装满土，将铁牛置于两船之间，用一根巨木横跨两只船，用绳索拴住铁牛，然后卸掉船上的土，船只上浮，大牛露出水面。转运使张焘听说以后，奏请皇帝赐给紫衣。但是，不久怀丙就去世了。不过，后来浮桥又被毁掉了，铁牛再次被没入水中。现在，永济铁牛还在，是1989年打捞出来的，共有四头，每头重四十吨。怀丙当时能够打捞上来确实不俗。这是古代的一个著名的智慧故事。怀丙被赐紫衣，确实名副其实。

定额例行赐给

　　对于官方所立寺院、道观，影响比较大的，每年都有一定数额的紫衣赐给，比如熙宁二年下诏，每年赐给景灵宫紫衣帖两道。景灵宫是安放宋代历代先帝灵位的地方，地位非常高，也非常重要。徽宗政和四年正月，徽宗下诏，每年颁给明州天庆观紫衣一道。政和七年五月下诏，每年赐给神霄宫紫衣一道。

真宗大中祥符二年下诏，僧人、道士身死，还俗，紫衣要交回祠部。徽宗时期，开始制定伪造紫衣的罪行，可见伪造紫衣的情况不少。

紫衣分为衣服和证书两部分。证书开始用黄纸雕版印刷，后来改为绫、绢。

出售紫衣

宋代自神宗皇帝开始卖紫衣，将紫衣商品化，成为增加财政收入的一种手段。这就和度牒商品化一样，成了牟利的工具。熙宁四年十二月，皇帝赐给河北转运司"紫衣、师道号各二百五十道"，用于修河。（《宋会要》方域十四之二三）熙宁七年、八年赐给河东提刑司、司农司紫衣各千道，用于边防。（李焘《续资治通鉴长编》卷二五六，熙宁七年九月己酉，卷二六二熙宁八年四月戊子）这些紫衣由地方官出卖，买受人没有具体限制。买受人于是可以进行私下交易，甚至有些人可以从中牟利。徽宗时曾专门下诏，禁止私下交易，但是私下交易仍然无法禁止。宋高宗建炎三年，紫衣每件卖40贯。宋宁宗嘉定二年（1209）每件紫衣售价100贯，实际价值仅有70贯。紫衣成了有价证券，还可以私下交易。南宋时期，紫衣用途更加广泛，可以充作军费、买粮费、酒曲本钱、交子（纸币）回笼准备金等。紫衣的价格远没有度牒的价格高，度牒最高每件售价1000贯，北宋时期100贯至300贯，南宋时期一道度牒的售价一般也在800贯（会子）。关于这一点，有点出乎意料，按理说紫衣是一种很高的政治荣誉，应该比度牒价格高很多才对，可实际情况却是紫衣要比度牒价格低很多。

按资历赐给

宋代还规定，僧道具有一定的资历，也赐给紫衣。南宋宁宗嘉泰二年

《庆元条法事类》规定，道士年满八十者可以获赐紫衣。绍兴二十五年十月下诏，僧尼道士女尼年满八十者获赐紫衣。但是，在宋代能活到八十的人是很少的。

综上所述，赐给紫衣对僧人、道士来讲是一种崇高的荣誉，他们以此可以提高身份和社会地位，提高社会影响力；统治者通过赐给紫衣来笼络佛道上层人员，双方各得其所。所以，自唐代出现以来，这种做法一直被延续下来，成为佛道管理的一种制度而存在。

参考文献：

[1]唐代剑.宋代道观紫衣"师号制度"［J］.宗教学研究，1997（1）.

[2]董立功.唐代僧人获赐紫衣考［J］.世界宗教研究，2013（6）：45-54.

四、位居C位的行脚僧人

行脚僧人

在《清明上河图》水井的右下角有一位行脚僧人，背着行笈，正在走向十字路口，也许他要出城。行脚僧，也叫云游僧、游方僧、游方和尚、云水僧，又称苦行僧。"苦行僧"一词较为形象，确实能够反映这个群体的一些特征。在古代出行是十分不便的。俗话说："在家千日好，出门一日难。"行脚僧人主要靠步行，餐饮住宿都很不便。他们一般是无一定居所，或四处拜师，或自我修持，争取开悟。行脚僧人类似现在的游学，他们居无定所，到全国各地拜访高僧大德，向他们求教，力求早日开悟，修成正果。行走是他们的修行方式之一，他们不在一个地方住得太久，免生贪念。

行脚僧人阅人无数，同时饱览各种自然和人文风貌，见多识广。东晋（373—420）法显、唐代玄奘（602—664）都是行脚僧人。众所周知，玄奘法师西行印度取经，跋涉几万里，是千古奇迹。后来，他的故事逐渐被神话，最后演变成《西游记》。《西游记》广泛传播又使玄奘的知名度更高。玄奘要感谢《西游记》，不然也没有这么大的名声。在《西游记》中唐僧师徒四人都是行脚僧，孙悟空还被称为"孙行者"，意思就是一个姓孙的行脚僧人。

实际上，在玄奘以前200多年，东晋有位和尚法显（373—420）已经去过印度，399年出发，413年回来，前后14年，途经30余个国家，行程约5万里，抄写了大量的佛经携带回国。去的路线和玄奘大致一致，但是回来的路线就大为不同了，法显是从海路回来的，经历更为丰富。所以，玄奘不是前往印度取经的第一人。414年法显回到建康（今南京）后翻译了近百万字的佛经，还写了一本书《佛国记》（也叫《法显大师传》），描绘了沿途的风土人情，是我国第一本全面描绘西域和印度风情的游记类图书。这本书流传至今，成为后世西行取经的重要参考物。梁启超评价法显："法显横雪山而

东晋法显画像

入天竺，赍佛典多种而归，著《佛国记》，我国人至印度者，此为第一。"法显的经历更具传奇性，只不过没有被写成小说，所以传播不广。

行脚僧表面是为了个人修行、教化他人，是一种宗教行为，其实他们是不同地区交流的文化使者，法显、玄奘促进了中国与印度之间的文化交流，丝绸之路上的行脚僧增加了中国与中亚、西亚国家的文化交流，国内的行脚僧促进了不同地区之间的文化交流。

菩提达摩画像

其实，禅宗第一代祖师菩提达摩就是一位行脚僧，他从南天竺渡海东来，首先到达广州，后来在金陵见到梁武帝。因为意见不合，渡江北去，到达河南嵩山少林寺，创立禅宗。禅宗第二代祖师慧可禅师也是行脚僧，游走传法。禅宗第三代祖师僧粲也是一位行脚僧人，游走于司空山和皖公山之间。四祖道信禅师定居传法，开始是在庐山东林寺，在此居住10年，后来到了双峰山东山寺，居住30年。

唐宋期间，日本僧人多次到中国来求法，从一定意义上来看，他们类似行脚僧人。他们促进了中日文化的交流，把中国的茶种带到日本，还把中国的茶道引入日本。唐代的空海、阿倍仲麻吕、吉备真备等都是代表。日本僧人僧然、寂照、成寻、戒觉、快宗、仲回北宋时期来中国，有些人写了很多行走笔记，比如成寻的《参天台五台山记》、戒觉的《渡宋记》，他们以一个外国人的视角记载了大量北宋时期的社会生产和生活情况，是十分珍贵的历史和社会资料。唐代中国的鉴真东渡日本，在日本传播佛教。他们都是行脚僧人。

在丝绸之路的历史上，除了商人经常冒险开辟商路以外，最具探索精神的就是这些行脚僧人，他们是最具冒险精神的一类人群，靠着对宗教的虔诚态度，以坚定的信念克服千难万险，跋山涉水，他们对丝绸之路的形成和繁荣起到过十分积极的作用。

据史料记载，大画家韩幹、吴道子、周昉都画过行脚僧。

日本东京国立博物馆藏有一幅《玄奘三藏像》。绢本设色，绘制于镰仓（1185—1333）后期，相当于南宋至元代。顶端是圆形笠，脖子上戴着由九个骷髅串成的项链，腰间挂有宝剑。在头部前方悬挂金质行灯，也有人说是香炉，英国人韦陀（Roderick Whitfield）认为是收藏舍利子的容器。手里拿着麈尾。

这幅图传播很广，国内很多玄奘图使用的是这一张图。陕西西安玄奘灵骨埋葬地兴教寺民国时期（1933）刻了一幅玄奘石刻画像，玄奘一手持麈尾，一手持卷轴，赤足芒履，竹制行李架，前

日本　佚名《玄奘三藏像》　东京国立博物馆

北宋　范宽《溪山行旅图》中的行脚僧人

悬一灯（有人说是香炉），应该是为夜行之用。架上有很多卷轴，应该是玄奘从印度取回来的经卷。该石刻玄奘像依据的底本就是这幅图。关于这幅图有很多争议，有人怀疑图中的人物不是玄奘。《玄奘三藏像》中玄奘所拿麈尾和南宋《五百罗汉图》中的麈尾很相似。日本正仓院藏有一件麈尾，周围的毛发用猪鬃制成，可惜大部分已经脱落。

北宋范宽《溪山行旅图》中有一个行脚僧。这位僧人比较隐蔽，一般很难发现，在山腰处，他没有背行笈，但是挑着行李，戴着笠帽，正在前行，马上就要穿过山间栈桥到对面的寺院去。

苏轼的好朋友佛印就是一位行脚僧人，有一次苏轼在山间与佛印相遇，二人相谈甚欢，苏轼于是请佛印到自己的书斋喝茶。后来苏轼被贬，佛印还专程前去看望，用佛法开导苏轼。苏轼还在《次韵子由所居六咏》中提到行脚僧："萧然行脚僧，一身寄天涯。"苏轼这里是说自己就像一位潇洒的行脚僧人，行走天下，四海为家。陆游在《秋怀十首末章稍自振起亦古义也》中有"身如行脚僧……萧然寄天涯"诗句，表达了和苏轼一样的意思。

宋代为加强对僧人的管理，要求僧人出家必须经过政府批准，由政府颁发度牒，行脚僧必须持有政府颁发的度牒，否则违法，要受到惩处。

行脚僧人虽然居无定所，但大多数时候都在附近寺院安歇，在某处寺院临时落脚被称为"挂褡"，意思是行脚僧把随身携带的禅杖等物挂在僧房的墙壁上。《水浒传》中花和尚鲁智深也是一位行脚僧人。此书第十七回

"花和尚单打二龙山 青面兽双夺宝珠寺"一节，杨志问鲁智深："听得说道，师兄在大相国寺里挂褡，如今何故来在这里。"鲁智深回答说，自己因为目睹高俅陷害林冲，一路护送林冲至沧州，两个公人没有机会下手杀死林冲，高俅吩咐不准鲁智深在大相国寺挂褡，并派人捉拿鲁智深，鲁智深只得离开大相国寺。武松也是一位行脚僧人，被称为"行者"。武松本来是打虎英雄，因为替哥哥报仇杀死嫂子潘金莲，逃跑路上，遇到菜园子张青和孙二娘，将其打扮成行脚僧人，头戴金箍，身持度牒。《水浒传》第六十六回："再调鲁智深、武松，扮作行脚僧行，去北京（大名府）城外庵院挂褡。"这二人过去都是行脚僧人，对行脚僧的规矩都了如指掌，扮演行脚僧最恰当不过。

那么，行脚僧都需要携带哪些装备呢？

1. 行笈

行笈也被称为经书箱，一般用藤或竹子制作，上有蒲团、佛经、衣物、餐具等。20世纪初，敦煌藏经洞发现的文物中有关于行脚僧的绘画12幅（有的说是20幅）。从敦煌藏经洞发现的唐代至宋代的行脚僧画像来看，他们都携带有经书箱，其中装的都是中式卷轴，多有猛虎陪伴，都拿着麈尾。看来经书箱是行脚僧的标配。

北宋　《僧人与虎》敦煌行脚僧人图
韩国国立中央博物馆

唐　佚名《敦煌绘画-35》敦煌行脚僧人图　大英博物馆

敦煌行脚僧人图　俄罗斯艾尔米塔什博物馆

法藏P.4518榜题"南无宝胜如来佛"中行脚僧图

《清明上河图》中行脚僧人的行笈（经囊背架）比较简略，但大致形状是对的。僧人一手持一把响板，可能是为了吸引人的注意。图中的行脚僧正在向右走，这是出城的方向。城门外，护城河边有一处寺院，也许那里就是他的下一个歇脚地。

图中的行脚僧经书箱顶部向前伸出，形成对头部的遮蔽，上面盖着一只笠帽，所以图中僧人是光头的，而敦煌发现的行脚僧有些头戴斗笠。图中行笈前伸部分还有六七个垂挂的小部件，有一个可能是香炉，垂挂在僧人的头部前面。敦煌藏经洞的行脚僧画像有些书箱没有向前延伸，有些向前延伸，比如法国吉美博物馆藏北宋《僧人伴虎》（EO.1138），其中的经书箱顶部向前延伸，并且挂有一个金色的小物件，可能是香炉。在这幅图中，僧人的经书箱十分巨大，僧人背起来有些吃力，而《清明上河图》中的僧人背的书箱比较薄，因此显得比较轻盈。《僧人伴虎》绘制十分工细，书箱上有很多金色的装饰物，书箱比较宽大厚重，在僧人的头部上方写着"大藏"二字。

这幅画画得十分精细，经箱硕大，背后挂着麈尾、水瓶等物。右手持念珠，左手持一种如意状物。

法国吉美博物馆藏的另一幅敦煌行脚僧人图——北宋的《僧人与虎》（EO.1141）中，行脚僧有头光，表现其神力伟大，眉毛很长，所持锡杖为曲颈龙头杖。穿的是黑色靴子，衣襟等处有金色装饰花纹。腰间悬挂几个小物件，行笈顶部冒出一股仙气。这幅画显然有夸张的成分。行笈外侧挂有一个布包，还有几个拴在一起的小葫芦，据说这些葫芦是装水用的，不过看起来装水量十分有限。行笈上方有斗笠形的伞盖。右上角有题记："宝胜如来一躯意为亡弟

北宋　《僧人与虎》　法国吉美博物馆（EO.1138）

知球三七斋尽造庆赞供养。"腰间挂有扇子、剪刀、葫芦、香囊（或是针线包）等物。

2. 麈尾

从敦煌行脚僧人画像来看，行脚僧人都拿着麈尾，那么《清明上河图》中的麈尾在哪里呢？就在行脚僧人额头的前方，是挂在行笈上的。麈尾不是

北宋　《僧人与虎》
法国吉美博物馆（EO.1141）

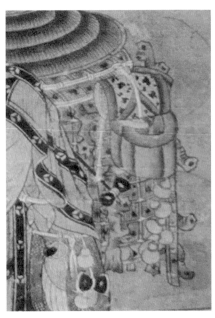

北宋　《僧人与虎》中的行笈
法国吉美博物馆（EO.1141）

扇子，更不是拂尘，它是魏晋至唐宋时期文人、高士的标配，意在领袖群伦。这种东西后来也被佛教徒借用，成为行脚僧人的标配。麈是一种大鹿，一群鹿行走的时候就看前面大鹿的尾巴，所以"麈尾"成了领袖群伦的标志。东晋名士王导写过《麈尾铭》。《能改斋漫录》卷1记载："《名苑》曰：鹿之大者曰麈。群鹿随之，皆看麈所往，随麈尾所转为准。今讲僧执麈尾拂子，盖象彼有所指麈故耳。"这里明确指出僧人拿麈尾的目的，大意是给人指明方向、引领人。

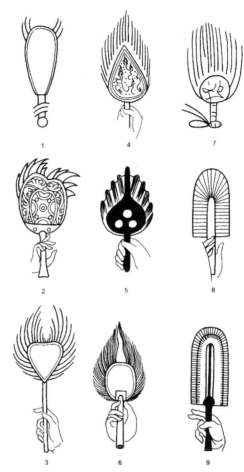

图40-2 麈尾（1~3.
歧头式 4~6.尖头式
7~9.圆头式）
1.绍兴出土东汉虎神
人画像镜
2.洛阳出土北魏画像
石棺
3、9.莫高窟第103窟
唐代壁画
4.洛阳宋村东汉墓壁画
5.长沙新火车站东晋·
雷陔墓出土漆盘
6.《历代帝王图卷》
7.嘉峪关5号魏晋墓
出土画砖
8.龙门宾阳中洞北魏
浮雕

孙机先生绘制的各种样式的麈尾

麈尾的样式多样，中国历史博物馆研究员孙机先生曾经专门收集过相关图像资料并绘制成图。

现在发现最早的麈尾出现在洛阳北郊朱村的一座汉墓中，主人身边站立两位仆从，其中一人拿着主人的麈尾。孙机先生绘制的麈尾图中专门有这一件，图中4就是这一件。这件麈尾和阎立本《历代帝王图》中的麈尾高度雷同。敦煌壁画《维摩诘经变图》中维摩诘也拿着一把麈尾，和孙机先生图中的9比较像。

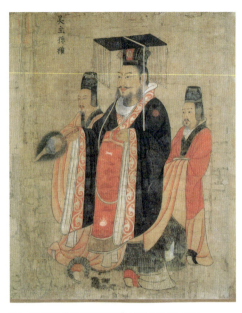

洛阳北郊朱村的汉墓中的麈尾

唐　阎立本《历代帝王图》中孙权手执麈尾

敦煌壁画中维摩诘手持麈尾

法国吉美博物馆藏北宋《僧人伴虎》（EO.1141），僧人右手拿着禅杖，左手拿着麈尾。这件麈尾十分别致，上下分为三部分，中间是红色，上部为淡黄色，有两个圆点装饰，下部为浅绿色，也有两个圆点装饰。两侧装饰有长长的毛发。从敦煌行脚僧人绘画中来看，孙机先生所描绘的几种麈尾样式中都没有对应的样式，尤其是那个有着红色条带、有四个圆点的麈尾，非常独特。

宋代王明清写过一本《挥麈录》，有人不了解，把"麈"看成"尘"

北宋　《僧人与虎》中的麈尾
法国吉美博物馆（EO.1141）

《洛神赋图》中洛神手拿麈尾　辽宁省博物馆

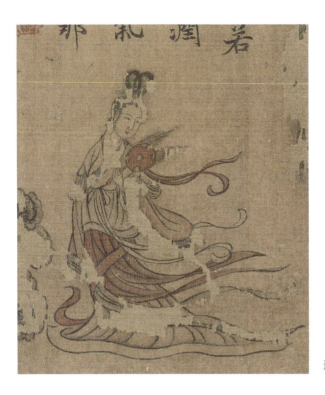

《洛神赋图》中洛神手拿麈尾
辽宁省博物馆

《洛神赋图》中曹植
手拿麈尾　辽宁省博
物馆

的繁体字"麈"，于是将之翻译成《挥尘录》，闹出了不少笑话。唐代孙位的《高士图》中，阮籍手里拿的也是麈尾，宋摹本顾恺之《洛神赋图》中曹植、洛神手里都拿着麈尾，主体呈椭圆形红色，上有五个点形装饰，中间一个大一点的圆点，四周各有一个半圆点装饰，靠近上部两侧有羽毛状物。

南宋义绍和尚住持东钱湖惠安院时，邀请周季常、林庭珪画成一百幅罗汉图，历时十年。日本僧人来宁波天童寺求法，义绍将《五百罗汉图》赠给日本僧人。日本僧人带走后，先后藏在镰仓寿福寺、藏箱根早云寺、京都丰国寺、奈良大德寺。1895年，日本明治政府特许大德寺为修缮寺院，将其中十幅作品转给波士顿美术馆、两幅作品转给华盛顿弗利尔美术馆购藏。周季常、林庭珪绘制的《五百罗汉图》是十分珍贵的宋画资料，图中有大量的南宋社会风俗资料，有些僧人拿着麈尾，样式十分独特。

南宋　周季常、林庭珪《五百罗汉·竹林至琛》中的麈尾

尘尾是一种文人高士的高雅之物，制作当然要精致，其手柄十分讲究，有的用象牙，有的用紫檀，还有的用金铜、玉石、玳瑁等。

3. 卷轴

僧人要读经，作为行脚僧当然需要携带佛经，唐代的图书大多是卷轴装，宋代的图书大多是册子装。敦煌发现的唐宋行脚僧人图中，行笈中装的都是卷轴经书，没有见到册子装的经书。《清明上河图》中行脚僧人一只手里拿着的应该是卷轴经卷，另一只手里拿着的像是响板，他边走边吆喝，要求人们施舍。腰间也应该挂有一些小物件，不过画面看不清楚。日本东京国立博物馆藏《玄奘三藏像》中玄奘画得十分清楚，一手拿尘尾，一手拿卷轴。

4. 禅杖（锡杖）

在敦煌遗留的行脚僧画中，每个人都带着禅杖，有的拿在手里，有的挂在行笈上。可见禅杖是行脚僧的标配。《水浒传》中鲁智深的禅杖比较独特，水磨镔铁禅杖重31千克，成了他的武器。上有铁环，会发出响声，仍然具有禅杖的功能。

周季常、林庭珪绘制的《五百罗汉图》中还有一种小型禅杖，上面搭有毛巾和水瓶。《五百罗汉·行者休息》正是描绘行脚僧的生活。行笈由一个绿色妖怪背负，样式比较简单。图中一位僧人手托钵盂，另一位在打包袱，最上面一位法力巨

南宋　周季常、林庭珪《五百罗汉·布施贫饿》中的禅杖

大，伸手去接瀑布中的水，手臂可以延伸很长。他下面的一位手持念珠。左下方老虎背上负有水瓶、褡裢等物。

禅杖也叫锡杖，杖头用锡制作，有一个大环，上挂几个小环，各小环互相撞击会发出响声，僧人到施主家门口乞食，以摇晃锡杖发出响声代替敲门。拿着这种锡杖行走发出声响，也可以吓退路边的害虫和野兽。但是，后来锡杖越来越简单化，僧人们用竹子、木头制作成简单的拐杖，敦煌行脚僧画中大多是这种锡杖。

《清明上河图》中的行脚僧把禅杖插在了书箱后面。

5. 老虎

我们看到敦煌行脚僧绘画都有老虎陪伴，这不禁让人产生疑问：行脚僧为什么都有

南宋　周季常、林庭珪《五百罗汉·布施贫饿》中的禅杖

老虎陪伴？老虎是兽中之王，连老虎都成了乖乖的侍从，还有什么不能降服的？所以老虎大概象征佛法无边。据佛教历史资料记载，北齐高僧稠禅师在王屋山看到两虎相斗，用禅杖将他们分开。隋代昙询禅师也遇到两虎相斗，然后用锡杖将两只老虎分开，而且老虎很服气。天台山国清寺也有长老和老虎的故事。隋唐时期，天台山国清寺有一位和尚丰干，他白天为寺僧做饭，

晚上在屋内诵经。有一只老虎常到禅房附近吼叫。突然有一天，丰干骑在虎背上唱着歌，僧众无不惊奇。这些有老虎陪伴的僧人多少都有些夸张，《清明上河图》中的行脚僧人没有老虎陪伴，看来还是比较写实的。

我们的先人为了宣传中医大师的伟大，也杜撰了一些大师和老虎、龙的故事。中医中有孙思邈坐虎针龙的故事。

日本藏《玄奘三藏像》中的香炉

这种故事套路和僧人与老虎的故事一样，也是在借助老虎和龙的威力宣扬医术的伟大。

6. 香炉

香炉是礼佛之物，行脚僧人在行走途中需要经常礼佛，香炉是必备之物。同时，在炉内燃香，还可以提神，减轻旅途劳乏，部分香料还有防病治病作用。另外，行脚僧到达某一寺院，要用香炉向寺院住持行告香礼。

在敦煌行脚僧图中，有些香炉是悬挂在行笈上的。《清明上河图》中的行脚僧所负行笈前挂有好几件小物件，其中一定有香炉。日本藏《玄奘三藏像》中的香炉绘制得十分清楚，也是悬挂在行笈上的。这只香炉制作十分精致，外表是金黄色的，不知道是用黄金制作的，还是铜质鎏金的。

南宋　周季常《五百罗汉图·信士斋僧》中的钵盂

7. 钵盂、针筒等物

　　行脚僧人沿途募化食物，要用钵盂来盛。在《西游记》中，唐僧使用的是紫金钵盂。钵盂一般是圆形，鼓腹，口沿内敛，这样的设计是防止募化来的食物溅出去。南宋周季常、林庭珪绘制的《五百罗汉图·信士斋僧》中绘有好几处钵盂。佛教徒一般不用木质、金质、银质、琉璃等钵盂。

　　除了钵盂以外，行脚僧人一般还要携带杨枝和澡豆、瓶、坐具、刀子、火燧、绳床、佛像、菩萨形象、僧衣、针筒、伞盖、扇等物品。杨枝是清洁牙齿用的短木棒，澡豆是用豆面和清洁剂、香料混合的洗涤用品，

南宋　林庭珪《五百罗汉·引线纳衣》局部

这些东西起源于印度。瓶是饮水用的；坐具是打坐用的，包括蒲团；刀子是沿途砍削物品用的；火燧是打火造饭用的；绳床是野外露宿用的。佛经、佛像、菩萨像是僧人必备物品，僧衣包括僧人参与正式佛教仪式穿用的九条衣、七条衣，还有一些平时穿用的备用衣服等。针筒是储存缝衣针用的，僧人在路

途上衣服破了大多自己缝纫，所以需要携带针、线。佛教不主张用各种牙、骨、角做针筒，可以用铜、铁、铅、锡、合金、竹、木做针筒。南宋周季常、林庭珪绘制的《五百罗汉·引线纳衣》有一个僧人缝制僧衣的场面，绘制十分精致传神。

南宋　林庭珪《五百罗汉·引线纳衣》局部穿针

敦煌443窟壁画中的水瓶

8. 水瓶

僧人出门远行必须要喝水，所以需要携带水瓶。水瓶，也叫军持、君墀。水瓶分为净瓶和触瓶，净瓶用于饮用，触瓶用于厕后洗手。净瓶为陶瓷器，触瓶为铜器。净瓶还可以放在专门制作的布袋内。敦煌443窟壁画中的水瓶细长颈，有盖，装在专门的布质网袋内。

周季常、林庭珪绘制的《五百罗汉·洞中入定》中可以清楚地看到塵尾、水瓶等物件。

南宋　周季常、林庭珪《五百罗汉·洞中入定》局部行笈

9. 如意

如意本来是挠痒痒的实用工具，后来逐渐演化成一种吉祥物。佛教也借用此物。在周季常、林庭珪绘制的《五百罗汉》中有僧人手持如意的画面。可见至少在宋代，僧人就已经开始用如意了。

南宋　周季常、林庭珪《五百罗汉·讲说笔记》局部如意

10. 念珠

念珠又叫数珠，是佛教徒念诵佛经和咒语的计数工具。始于印度。念珠可以帮助僧人去除杂念，专心念经。敦煌行脚僧图中有些僧人手持念珠。周季常、林庭珪绘制的《五百罗汉图》中多处出现念珠。

行脚僧人是佛教徒的一部分，他们的生活究竟是怎样的？张择端为我们留下了珍贵的图像资料，通过与敦煌发现的行脚僧人图相比较，我们可以知道，张择端的描绘是非常写实的。本文对行脚僧人装备的介绍仅仅是粗线条的，主要目的是便于大家识别。行脚僧人需要携带的东西可能还有很多，我们就不一一分析了。

南宋　周季常、林庭珪《五百罗汉·灌顶婴儿》局部念珠

参考文献：

刘明杉. 唐宋时期行脚僧随身之物考辩［M］. 禅茶丛书，北京：中国文史出版社，2022.